CB134493

A Razão do Espírito

Rossano Sobrinho

Mundo Maior
Editora
Seu futuro começa aqui.

A Razão do Espírito

© Copyright by Fundação Espírita André Luiz- 2004

1.ª Edição – Abril/2004 - Mundo Maior Editora

Diretoria Editorial:
Onofre Astínfero Baptista / Eurípedes Rodrigues dos Reis

Editor:
Eurípedes Rodrigues dos Reis

Assistente Editorial:
Renata de Carvalho

Conselho Editorial:
Maria Ângela Malatesta
Maria de Lourdes Alencar
Walkiria O. D' Assunção

Criação da Capa:
Messias Gamba

Revisão:
Márcia Benjamim

www.mundomaior.com.br
feal@feal.com.br

Mundo Maior Editora
Fundação Espírita André Luiz
Rua Duarte de Azevedo, 728
02036-022 - São Paulo / SP
(0_11) 6979 2157

Rossano Sobrinho Ferreira

A Razão do Espírito

Deus e a Razão, a Reencarnação e a Bíblia, Jesus e o Evangelho, os Espíritos na Bíblia, o Consolador prometido, o Mal: simbologia e realidade...

"Um pouco de filosofia
inclina o homem ao ateísmo.
Profunda filosofia
faz retornar o homem à religião."
Voltaire

Agradecimentos

A Deus, *inteligência suprema, causa primeira de todas as coisas*. A Jesus, o Cristo, amigo incondicional de nossas vidas. Aos incansáveis colaboradores do Bem, deste e do outro Plano da Vida.

Aos meus queridos pais, Antônio e Avelina, meu irmão Rossélio e minha esposa Cyntia, pelo amor e carinho de sempre.

Aos meus tantos amigos e alunos, pela companhia fraterna na trilha redentora.

A todos os trabalhadores da *Fundação Espírita André Luiz* (FEAL), da *Rede Boa Nova de Rádio*, do programa *A Boa Nova na TV* e da *Mundo Maior Editora*, pelas incansáveis atividades na Seara do *Consolador*, iluminando tantas vidas.

Dedicatória

Dedico este estudo a todas as pessoas que, de alguma forma, procuram colaborar para a construção do Reino de Deus no coração dos homens.

Índice

1

Deus e a Razão

Há muito tempo observa-se na história das religiões uma profunda aversão à postura racional, à reflexão filosófica. Muitos afirmam que a razão humana não pode alcançar o conhecimento pleno de Deus, o que em parte é verdade, posto que o finito não consegue abranger ou açambarcar o infinito; e, realmente, como asseverou Allan Kardec, em *O Livro dos Espíritos*, *"Aquilo que chamamos razão é quase sempre o orgulho mascarado e quem quer que se julgue infalível coloca-se como igual a Deus"*.

Por esses motivos, antes de apresentarmos ao leitor amigo qualquer análise, *à luz da fé raciocinada* sobre os temas que estruturaram este trabalho, faz-se necessário refletirmos sobre a origem, a eficácia e a evolução do pensamento humano, como do raciocínio filosófico. Direcionamos algumas indagações respeitosas às pessoas que acreditam ser a capacidade de pensar indigna de buscar a compreensão da Divindade e de suas Leis.

Expomos nosso questionamento àqueles que negam a importância da razão no entendimento das verdades espirituais, e que não consideram o "pensamento" um instrumento indispensável à elevação moral e espiritual da criatura pensante. Perguntamos: Por que o Criador, em sua infinita sabedoria, haveria de conferir ao homem a capacidade de raciocinar e depois inibiria tal potencial, alegando ser o pensamento e a reflexão "coisas da carne", e, por esse motivo, inadequadas para compreender as revelações do mundo espiritual? Teria o Altíssimo construído algo tão sublime como a faculdade de pensar, apenas para desenvolver operações matemáticas, raciocínios técnicos, análises sintáticas ou outras reflexões desse gênero? Seria a mente humana útil somente a este mundo material de misérias e injustiças!?

É óbvio que não. O pensamento é o potencial mais nobre do Espírito e não da carne, pois nenhuma estrutura puramente biológica consegue desenvolver raciocínios complexos como os elaborados pela criatura humana que não é apenas um organismo físico, mas um ser espiritual dentro da aparelhagem orgânica.

Em seu livro, *Autodescobrimento: uma busca interior,* psicografado por Divaldo Pereira Franco, o Espírito Joanna de Ângelis afirma: *"...o pensamento não procede do cérebro. Este tem a função orgânica de registrá-lo e, vestindo-o de palavras, externá-lo, como por intermédio da arte nas suas incontáveis apresentações. O pensamento é exteriorização da mente, que independe da matéria e por sua vez é originada no Espírito."* (p.30). Portanto, podemos concluir com tranqüilidade que quem raciocina, quem pensa e reflete é o Espírito, centelha divina e imortal, que anima o corpo. Já a indumentária física, a carne, serve apenas de instrumento ao Espírito que nela habita.

Também é sabido que, quando o grau de desenvolvimento moral e intelectual do ser espiritual encarnado é muito limitado, a criatura será conduzida muito mais pelo *instinto*, fruto, aí sim, da carne (de sua construção biológica), do que pelo *pensamento elevado* – faculdade do espírito mais evoluído. Quanto mais dependente do instinto e da matéria, mais distante do entendimento espiritual; como já expôs o apóstolo Paulo: *"Ora, o homem natural não aceita as cousas de Deus, porque lhe são loucura; e não pode entendê-las, porque elas se discernem espiritualmente. Porém o homem espiritual julga todas as cousas, mas ele mesmo não é julgado por ninguém."* (1Co 2:14,15).

Como se pode ler, o julgamento e a análise do homem espiritualizado são os meios mais elevados de se buscar o entendimento de Deus, de Suas Leis e de Seus desígnios, e não por meio de cultos exteriores, cheios de alegorias e vazios de conteúdo, que muito agradam aos olhos e aos ouvidos (coisas da carne); mas que muito longe estão da magnitude de Deus e de Seus sublimes propósitos. Práticas estas mais comuns ao homem de consciência limitada, ao homem natural, – mencionado por Paulo –, mais vinculado aos rituais, que ao exercício da razão do espírito.

Como sabemos, *Deus deve ser adorado em Espírito!* E adorar a Deus é servi-lo com algum conhecimento de causa, com equilíbrio e reflexão, e não por meio de emotividades passageiras, "forjadas" em rituais e práticas muito mais psicanalíticas que espirituais, sendo assim, muito pouco significativas no que diz respeito ao aprimoramento moral e intelectual do ser: objetivo maior da existência. Não devemos nos esquecer de que, o sacrifício que mais agrada a Deus, é a luta travada interiormente contra nossas próprias imperfeições, certamente a grande síntese do que deveria ser o pensamento religioso.

Negar a razão é negar seu próprio Criador. Insistimos em refletir e perguntar: Por que conceder a uma criatura (o homem) uma faculdade (o pensamento) para depois impedi-la de utilizá-la no que há de mais sublime: a vida espiritual? Por acaso, deve-se construir um instrumento musical e depois impedi-lo de executar as mais belas melodias? Impedir o pensamento de compreender Deus e Sua obra é inibir o que possui o homem de mais significativo: a capacidade de refletir e de tirar conclusões lógicas e sensatas. Não se pode jamais atravancar o pensamento em suas buscas espirituais, pois como asseverou Pascal, pensador francês do séc. XVII, *"Deus está além da razão, mas não contra ela"*.

Na Idade Média, o homem cristão viveu condicionado a crer cegamente nos dogmas impostos pela religião. Durante o período da Inquisição, toda e qualquer manifestação filosófica que colocasse em risco a doutrina da igreja estava sujeita ao tribunal inquisitorial. Para suavizar o tema, poderíamos denominar esse período histórico da humanidade de "infância intelecto-moral" ou de "adolescência espiritual", estando todos os rebeldes religiosos sujeitos a severas punições por parte de seus líderes religiosos (e que punições!). Vivia o homem da época aprisionado em sua própria ignorância por imposições dogmáticas injustificáveis, mas que, por procederem de "autoridades religiosas", foram acatadas sem grandes contestações durante séculos e séculos pelos "fiéis" servos do Cristianismo. Cristianismo este que se encontrava profundamente comprometido com o poder temporal e suas demências.

Neste longo período de trevas, todas as descobertas científicas, que "aparentemente" contestassem os textos Sagrados, ou quaisquer posturas filosóficas contrárias à teologia vigente eram consideradas heresias pelos representantes do clero. Filósofos e pesquisadores foram perseguidos e presos. Muitos homens e mulheres, após a condenação religiosa, conduzidos à fogueira em praça pública pelas mãos do Estado.

Deus era apresentado por seus "porta-vozes" como um ser implacável em sua ira, que não permitia, jamais, uma fé raciocinada. Talvez, somente a figura de um Deus tão assustador e cruel pudesse manter tantas criaturas submissas aos seus líderes! Quanto mais cruel fosse este Deus, mais temido e obedecido, porém menos amado, porque ninguém pode amar o que teme ou pode? Não podemos confundir aqui o significado espiritual de "temor a Deus" com "medo de Deus". São duas situações totalmente distintas: primeiro, respeitar e observar as Leis que conduzem e alimentam a vida; segundo, ter medo de quem estabeleceu tais Leis para a felicidade das próprias criaturas. Amar a Deus e ao mesmo tempo temê-lo, seria um terrível paradoxo.

É claro que cada homem tem "o Deus que merece", assim como cada povo tem o governante que elege. A concepção religiosa é uma questão realmente individual e cada um deve ser respeitado em sua crença ou em sua não-crença. Isto não nega, em absoluto, a identidade única e imutável de Deus, apenas aponta as diferenças intelecto-morais existentes entre Suas criaturas. O povo de Moisés, por exemplo, não possuía a concepção do Deus amoroso e misericordioso apresentado por Jesus aos Seus seguidores. No entanto, são concepções diferentes a respeito de um mesmo Deus. O Pai é o mesmo, Seus filhos é que mudam o olhar ao longo da evolução.

Jesus e Seus discípulos nos apresentam um Deus muito mais perfeito que o do Antigo Testamento. Um Deus também justo, através da lei de *causa e efeito: "... a cada um segundo as suas obras."* (Mt 16:27), mas que sempre estende seus braços misericordiosos para acolher os filhos ainda submersos nas misérias do instinto primário. É interessante observarmos que quanto mais nobre um espírito, como o de Jesus, menos imposições se estabelece. Apresenta-se uma exposição, ao invés da imposição da Verdade, alertando para as conseqüências dos erros cometidos. O Deus da concepção israelita, no tempo de Moisés, era repleto de predicados humanos, ou melhor, de qualidades desumanas, que somente podiam ser aceitas por criaturas ainda rudes e *de "coração duro*". Aquele Deus fora feito à imagem e semelhança daquele povo. Eis uma verdade: construímos uma visão pessoal de Deus à nossa imagem e semelhança. Quanto mais evoluído o ser, mais nobre e repleto de amor o seu Deus. Quanto menos evoluído, mais repleto de inferiores paixões o seu Senhor. Assim, encontramos membros de uma mesma denominação religiosa que possuem conceitos bem diferentes de Deus, e assim servem, de acordo com o entendimento que possuem, a um "Único Deus".

Quando evoluímos do apenas *crer* para o também *saber*, certamente podemos servir melhor. Crer é bom. Crer e saber é muito melhor! Quando apenas cremos, ainda somos submissos às coisas que não compreendemos, portanto, internamente nos sentimos inseguros na fé. Mas quando adquirimos conhecimento a respeito daquilo que acreditamos, passamos a nos sentir mais confiantes naquilo que fazemos, e assim, fazemos melhor. Por isso, convido o amigo leitor a uma viagem racional – através do espírito – em busca de algumas verdades, sejam elas quais forem, porque estarão sempre, com toda certeza, a serviço dos homens e de todas as criaturas de Deus. Iluminados *pari passu* pela orientação sublime do Cristo: *" ...e conhecereis a verdade, e a verdade vos libertará."* (Jo 8:32). Não esquecendo também de que *"Não há fé inabalável senão aquela que pode encarar a razão face a face, em todas as épocas da Humanidade."*, como singularmente afirmou Kardec.

Tudo isto, na certeza de que *conhecer* é a maneira maravilhosa de impregnar-se da própria vida; de decifrar seus enigmas e mistérios na construção da felicidade eterna, que a todos aguarda.

2

Evolução do pensamento: crer e saber

Segundo os filósofos, a primeira atitude mental do homem foi a do entendimento mitológico da realidade. Daí o pensamento mítico-religioso presente nas civilizações da antigüidade, impregnado de representações simbólicas, que buscavam explicar desde os fenômenos da natureza até as sensações e sentimentos humanos. Tudo indica que foi na *pólis* grega que surgiu o pensamento científico-teórico dedicado à busca racional das verdades, à aquisição do conhecimento por meio da especulação reflexiva. Pelo que se sabe, no período anterior à cultura dos gregos, a razão filosófica era inexistente.

Foi no final do século VII e início do século VI a.C., por meio da reflexão filosófica, do teatro e das demais artes, que a cultura grega nas cidades-Estados de Atenas, Esparta e Tebas, atingiu seu apogeu. O filósofo católico francês Jacques Maritain, citado por Penha (1994), escreveu:*"os gregos são o povo escolhido da razão. Somente na Grécia a filosofia adquire existência autônoma, distinguindo-se explicitamente da religião"*. Teríamos, portanto, no planeta Terra, dois povos com missões muito especiais intimamente ligados ao futuro da humanidade: o povo judeu, responsável pela concepção monoteísta e pelas revelações divinas, transcendentais e o grego, pelo desenvolvimento da mentalidade do mundo, da racionalidade. Estamos diante dos dois aspectos principais da evolução humana: o moral e o intelectual (ou o *crer* e o *saber*).

A Logosofia, doutrina evolucionista, estabeleceu como princípio que a palavra *crer* deve ser substituída pela palavra *saber*, porque é sabendo – e não crendo – que o homem pode conduzir conscientemente a sua própria evolução.

Pensamos, sem divergir do pensamento logosófico, que o processo de mudança do *crer* para o *saber* ocorre no seio da humanidade paulatinamente, respeitando a realidade espiritual de cada criatura. Como ficariam aqueles que ainda não são capazes de compreender as questões espirituais mais complexas e, muito menos, de conduzir suas vidas de forma autônoma no cenário existencial? Naturalmente que estes devem ser orientados por uma linguagem específica, mítico-religiosa, mais presente no campo da *crença* do que no do *saber*, até alcançarem um novo patamar intelectual e, conseqüentemente, ético-moral. Definitivamente, o que não pode acontecer é impedir o processo evolutivo do pensamento humano, a fim de manter as criaturas em cega e prejudicial submissão.

Sabemos também que uma busca puramente intelectual não preencheria a realidade integral do ser espiritual. Este, na atualidade necessita sim, do conhecimento científico da experimentação, como sabiamente orienta a Logosofia: *experimentar o que se estuda e estudar o que se experimenta*; do saber filosófico: uma explicação reflexiva e conceitual da realidade; mas, principalmente, da aquisição dos valores espirituais: de uma moral alicerçada na ética a serviço da dignidade; de uma reforma interior altamente consciencioza.

Hoje sabemos que os segmentos Ciência e Religião não são incompatíveis nem estanques. Ao contrário, a Ciência ao investigar, descobrir e revelar a grandiosidade da Criação, somente vem apresentar a sabedoria incomensurável do Criador. A partir da experimentação científica, juntamente com a reflexão filosófica, tendo como objeto de análise tanto o universo externo quanto sua realidade interior, o homem tem alcançado resultados comportamentais extraordinários e poderá ir muito mais longe com o avanço dos estudos espirituais e psicológicos.

Desconhecer a si mesmo, sua realidade interior e ainda sua própria imortalidade leva a criatura à angústia e à desesperança, a medida que seu organismo físico se fragiliza com o avanço da idade, ou por conseqüência de alguma doença degenerativa. Ao se espiritualizar, ao começar a conhecer as leis funcionais do universo, principalmente de seu universo interno (microcosmo), o homem estará dando início à conquista de si mesmo – muito mais significativa do que a conquista do espaço sideral, do universo externo (macrocosmo) –, e a uma conduta evolutiva mais consciente. Não estará, por isso, desprezando as orientações de seu núcleo religioso, seja ele qual for, mas se sentirá apto a trazer para sua realidade existencial, seu mundo íntimo, aquilo que, até o momento, não lhe havia penetrado à alma, tornando-se mais pleno e feliz. Sua fé passará a ser fundamentada na experiência e na razão. Deixará o patamar mítico, alcançará o racional e vislumbrará o intuitivo.

Caminhando de maneira reflexiva sobre a Terra, a criatura humana poderá eleger com discernimento aquilo que promoverá sua auto-realização. Estará abandonando cada vez mais as sensações inferiores derivadas de seu estágio na animalidade, período em que experienciou uma total **anomia** psicológica: o desconhecimento das leis que conduzem e estruturam a vida espiritual. Deixará também a falsa vivência religiosa, estabelecida pela **heteronomia**: condição de quem recebe do mundo externo (de seu líder ou de um princípio contrário à razão) a lei a que se deve submeter, e encontrará uma nova etapa psicológica e espiritual: a **autonomia**. Terá condições de analisar com mais lucidez, para depois seguir ou não aquilo que cuidadosamente examinou.

O grande apóstolo da fé Francisco Cândido Xavier deixou-nos escrito que *"assim como existem o trigo, os frutos e as árvores, cada pensamento, credo e religião é uma manifestação de Deus, portanto, digna do nosso sincero e maior respeito"*, diante dessa verdade insofismável, cabe-nos realmente considerar e respeitar toda manifestação filosófico-religiosa. Contudo, encontramos na Doutrina Espírita um instrumento incomum a serviço da elevação das consciências humanas e das próprias religiões, por apresentar de forma racional respostas às mais profundas indagações do ser espiritual na Terra. De onde vim? Por que estou aqui? Para onde vou? Tudo isso, sem qualquer imposição, por não se fundamentar em dogmas ininteligíveis, mas se estruturar no pensamento científico e filosófico, equacionando os problemas da moralidade humana: gênese de todo desequilíbrio e de toda dor.

Iniciamos este capítulo mencionando a importância da civilização grega no desenvolvimento do pensamento filosófico, pois é lá que encontramos personalidades notáveis como Sócrates e Platão, verdadeiros precursores da idéia cristã e também do espiritismo. *O Evangelho Segundo o Espiritismo* afirma que *"as grandes idéias não surgem nunca subitamente; as que têm por base a verdade tem sempre seus precursores que lhes preparam parcialmente os caminhos..."*. Estes dois missionários do pensamento pressentiram a boa nova que estava para chegar à Terra com o advento do Cristo.

Sócrates, embora nada tenha escrito, deixou à posteridade, por meio de seu discípulo Platão, o entendimento da unicidade de Deus, da imortalidade da alma (a distinção entre a matéria e o Espírito) e do retorno do ser ao corpo físico (a reencarnação), a fim de prosseguir evoluindo; além de ter vivenciado um constante e notório contato com o plano espiritual, pois era médium e freqüentemente recebia orientações de seu gênio protetor.

Já na filosofia socrática podemos perceber o gérmen da mensagem de Jesus, uma preparação do pensamento ocidental para receber o evangelho sublime do Cristo. Podemos dizer com tranqüilidade que, enquanto João Batista preparou o seu próprio povo para acolher os ensinamentos do Senhor, Sócrates preparou a consciência do Ocidente para receber o pensamento cristão, e tempos depois o Espiritismo Consolador, que é o próprio Cristianismo redivivo, contribuindo no processo de iluminação e individuação das criaturas humanas, através de seus postulados estabelecidos sobre os alicerces sólidos da Ciência e da Razão.

3

Onde está Deus?

A imperfeição espiritual do homem decidiu colocar Deus sentado num belíssimo trono no alto dos céus com qualidades muito mais terrenas que divinas, julgando todas as nações. Na verdade, construímos um deus antropomórfico, feito à nossa imagem e semelhança.

Voltaire, a maior figura iluminista do século XVIII, ao se tornar maçom no ano de 1778, declarou: *"Eu não creio no deus que os homens fizeram, mas creio no Deus que fez os homens"*. Como se vê, o célebre francês não aceitava a idéia que as instituições religiosas de sua época se apresentavam como Deus. Deus este, limitado ao pensamento humano; situado num determinado lugar dos céus. Certamente, o sábio Voltaire enxergava Deus em toda parte, não numa concepção panteísta, mas na sua dimensão espiritual. Um Deus verdadeiramente onipresente.

Como afirmou Kardec, em *O Livro dos Espíritos*, *"Deus é eterno, imutável, imaterial, único, Todo-Poderoso e soberanamente justo e bom"*. Portanto, sendo uma das atribuições de Deus a imaterialidade, significa o mesmo que dizer: Deus é Espírito. O Espírito que habita o Universo. Ele não se encontra limitado a nenhum lugar do espaço, mas o inunda com o Seu poder de criação e de transformação.

O filósofo Rubem Alves, um de nossos melhores autores contemporâneos, que foi pastor Protestante, assevera com fina ironia em seu livro *O que é Religião, "Para que os homens dominem a terra é necessário que Deus seja confinado aos céus"*. Que análise percuciente da questão em foco!

Nosso egoísmo trancafiou Deus num lugar muito distante para que Ele não nos atrapalhasse em nossas vãs e infelizes ambições. Ou então fez-nos acreditar que somente dentro dos templos podemos encontrá-lo, porque, do lado de fora, quem manda é o homem. Quanto engano de nossa parte! Não há como fugir de Seu olhar magnânimo e paternal. Sua misericórdia nos alcançará em qualquer parte do Universo, porque sua vontade coordena os átomos e conduz as galáxias. Sua sabedoria comanda todos os mundos e criaturas. Em nenhum lugar específico Ele está, porque Se faz em todos os lugares. E o Universo é o trono em que Se encontra.

Um oráculo grego registrava *"Vocatus atque nou vocatus Deus aderit."* (Chamado ou não, Deus estará presente.) Que maravilha! Que entendimento magnífico a respeito do Pai!

Davi, em momento de elevada inspiração, procurou traduzir em palavras a magnitude do Criador, dizendo: *"Os céus proclamam a glória de Deus, e o firmamento anuncia as obras de suas mãos."* (Sl 19:1)

Querendo ou não. Sabendo ou não. Ele está presente. Sua voz é o silêncio eloqüente que nos aconselha no íntimo da alma o caminho do bem. Seu olhar compassivo ilumina a jornada nos oferecendo a rota segura. De alguma forma, mas sem qualquer "forma", Ele está presente, aqui na Terra como no Céu.

4

Ética e Moral

Podemos dizer que vivemos em tempos de desequilíbrio social. Muita violência, corrupção, injustiça e desigualdade. Os valores que prevalecem em nossa sociedade ainda manifestam um profundo vínculo com o materialismo céptico e desumano. Correntes de pensamento – as mais diversas –, fundamentadas no niilismo inconseqüente ainda conduzem multidões de almas aos abismos dolorosos dos vícios e às posturas puramente egocêntricas. Contudo, o homem, sem fugir de seu ideal mais íntimo, mantém o Espírito esperançoso numa dimensão de existência mais feliz e equilibrada, embora haja a terrível desorientação espiritual em que se encontra significativa parcela da humanidade terrena.

Princípios, crenças e regras de conduta são estabelecidos por todos os povos a fim de servirem como propiciadores do convívio que consideram adequado entre seus cidadãos. Tudo em nome do bem-estar e da felicidade. No entanto, ainda nos encontramos em profunda desarmonia sobre o orbe terrestre. Qual o papel da Ética neste cenário apocalíptico? Certamente não é a pura obediência a determinados valores o campo específico da Ética. A obediência diz respeito, mais diretamente, à Moral. Cada povo tem sua Moral, ou seja, o conjunto dos seus próprios princípios e leis. Já à Ética cabe algo mais importante, a reflexão crítica sobre a Moral, à luz do bom senso e da razão.

Moral implica valores, e Ética, a análise desses valores.

E qual seria o critério para se avaliar os valores? A Dignidade.

Não se pode conceber como ético um valor moral que fere a dignidade humana, que assassina a razão e elimina o bom senso. Sabemos, por exemplo, que em determinadas tribos africanas, crianças do sexo feminino têm o clitóris extirpado da vulva para não sentirem prazer quando maiores durante o ato sexual. Este é um valor obviamente equivocado que pertence à estrutura de uma Moral desumana, cruel e primitiva. Chegamos a essa conclusão através do exercício da reflexão crítica (da Ética): um ato que provoca dor só se justifica se trouxer algum benefício posterior, o que não se observa na atitude de tais tribos. A dignidade está acima das concepções particulares. Não pode ser ferida por questões religiosas, étnicas, políticas, econômicas, ideológicas ou culturais.

Somente a Ética, portanto, sendo juíza da Moral, pode verdadeiramente restabelecer os reais valores que devem orientar uma sociedade democrática e harmonizada.

Enquanto submetermos nossas vidas a conceitos morais que não ombreiam com a reflexão Ética, estaremos fadados ao fanatismo e ao desconhecimento do que realmente somos. Não teremos condições de analisar e julgar nossos sentimentos e desejos, isto é, seremos incapazes de nos aperfeiçoarmos, de caminharmos com nossas próprias pernas no caminho da evolução. Continuaremos submissos aos detentores dos poderes – nem sempre humanos –, passivos diante das mais variadas formas de imposição, manipulação e cegueira espiritual. Esse tipo de consciência já não deve mais direcionar os passos da humanidade que tanto avançou na ciência e na tecnologia, pois isto equivaleria a colocar uma perigosa arma na mão de uma criança que espera de seu superior uma definição qualquer para a sua atitude. Uma ordem infeliz e, pronto, eis o desastre. Precisamos recorrer à razão, estimular o pensamento e a reflexão, que terá na dignidade a via única para todas as conquistas humanas. Abandonemos a condição passiva de "bonecos de corda". É imprescindível instaurar sobre a face do planeta uma busca racional e consciensiosa do bem. Não do bem individual em detrimento do bem coletivo. Mas do crescimento individual a serviço do próximo, da família social em que nos encontramos. Eis a Moral Cristã! Perfeitamente em sintonia com a reflexão ético-filosófica.

5

Pelas obras ou pela fé?

Uma questão ímpar, que deve ser analisada com cuidado por todo cristão consciencioso, diz respeito à "salvação" das almas. *Esta se realizará pelas obras ou pela fé?* Muitos irmãos seguidores de Lutero e de Calvino acreditam que a fé basta à salvação. Mas o que é realmente a fé? Um dom dado por Deus. O que não significa que a fé é concedida aleatoriamente a uns e não a outros, porque Deus é justo. Sabemos também que o dom é uma conquista do espírito e não apenas uma concessão divina. *"...procurai, com zelo, os melhores dons."* (1 Co 12:31), asseverou Paulo. Realmente é de Deus que procedem todas as coisas para a sustentação e plenitude da vida, mas cabe a cada um de nós procurá-las. A busca é de responsabilidade pessoal. A fé real é resultado dessa busca, que consiste numa longa viagem interior em direção ao princípio espiritual que nos move constantemente rumo à verdade e ao amor. A conquista de uma fé sólida nada tem a ver com o fato de pertencer a esta ou àquela denominação religiosa, mas com a busca sincera de uma "consciência espiritualizada". Trata-se de "conhecer" para realmente "crer", pois, fé é também conhecimento. Conhecer para melhor praticar. Falamos aqui de uma fé estruturada, solidificada, que, na verdade, todos buscamos aprimorar a cada dia, pois não existe um só nível de fé. A fé está ligada intimamente à condição evolutiva de cada pessoa. Os próprios discípulos de Jesus, no notável episódio em que o Senhor acalmou a tempestade no mar, foram tidos pelo Mestre como homens de pequena fé (Mt 8:26). Que coisa interessante! Teria Deus concedido àqueles homens uma quantidade pequena de fé? Não. Deus é uma fonte inesgotável a oferecer suas águas cristalinas a todas as criaturas sedentas. Nós é que ainda não aprendemos a distinguir essa fonte bendita, das águas poluídas do mundo.

Com a passagem bíblica da tempestade, podemos concluir com segurança que a fé é realmente uma conquista individual. Aqueles homens, seguidores do Cristo, ainda não haviam evoluído na fé. Não eram homens desviados, estavam no caminho certo. Apenas possuíam uma consciência pequena a respeito do poder de Deus. Estavam a caminho. Evoluindo no entendimento da Vida Maior.

Mas, afinal, chegaremos à iluminação interior, à plenificação, à salvação (ou ao Paraíso), pelas obras ou pela fé?

Antes, procuremos ler, com bastante zelo, alguns importantes fragmentos neotestamentários, que possibilitarão uma exegese segura e clara:

a) *"Mas a sabedoria é justificada por suas obras."* (Mt 11:19)

b) *"Porque o Filho do homem há de vir na glória de seu Pai, com os seus anjos, e, então, retribuirá a cada um conforme as suas obras."* (Mt 16:27)

c) *"Se um irmão ou uma irmã estiverem carecidos de roupa e necessitados do alimento cotidiano, e qualquer dentre vós lhes disser: Ide em paz, aquecei-vos e fartai-vos, sem contudo, lhes dar o necessário para o corpo, qual é o proveito disso? Assim também a fé, se não tiver obras, por si só está morta."* (Tg 2.15-17)

d) *"Porque pela graça sois salvos, mediante a fé; e isto não vem de vós; é dom de Deus; não de obras, para que ninguém se glorie. Pois somos feitura dele, criados em Cristo Jesus para boas obras, as quais Deus de antemão preparou para que andássemos nelas."* (Ef 2.8,9)

Pois bem, vamos à análise, lembrando-nos da frase de São Jerônimo, tradutor da Bíblia do grego para o latim: *"A verdade não pode existir em coisas que divergem."*

Freqüentemente ouvimos discursos religiosos e, diga-se de passagem, mui fervorosos a respeito da fé em detrimento das obras. Todos fundamentados na passagem acima em que Paulo de Tarso exalta o significado divino da fé. No entanto, o problema é muito mais grave do que se imagina. Paulo, ao apresentar a fé como fundamento da salvação, jamais quis menosprezar o valor das obras. O apóstolo apenas desejou dizer que não se deve fazer o bem para se vangloriar depois pelo que se fez, mas porque o bem é o grande objetivo de Deus, da vida, ou seja, conduzir as criaturas a atitudes realmente de amor ao semelhante e não a atitudes superficiais e hipócritas. O amor verdadeiro, puro foi exemplificado por Jesus na passagem em que o bom samaritano socorreu o necessitado. Ele o socorreu porque simplesmente quis o seu bem; porque teve piedade e compaixão.

Agora, perguntamos: qual era a fé que o samaritano da parábola professava? A fé no amor e no bem. Apenas o desejo de servir estava em seu coração, e servir é amar, e amar é estar em Deus, pois "*Deus é amor*", como disse o inspirado evangelista.

É muito significativo saber – para melhor entendimento da profunda mensagem de Jesus na parábola em questão –, que os habitantes de Samaria, os samaritanos, não aceitavam a casta sacerdotal judia e eram discriminados pelos judeus, considerados heréticos; foram anatematizados.

A aversão era tão grande que os samaritanos construíram seu próprio templo no Monte Garizim para não necessitarem ir a Jerusalém nas festas religiosas. Quando necessitavam ir da Judéia à Galiléia, os judeus faziam um percurso muito mais longo, passando por outra região – a Peréia –, a fim de não atravessarem a região de Samaria, o caminho mais próximo. No entanto, foi justamente de Samaria a personagem escolhida por Jesus para exemplificar o amor acima das diferenças humanas. Dos rótulos religiosos. Do egoísmo sectarista.

A ação do samaritano na parábola contada por Jesus foi totalmente despretensiosa. Foi isso o que o apóstolo dos gentios quis nos ensinar: agir, mas sem pretensão; sem se ufanar por isto. Mas o nosso egoísmo e a nossa vontade desesperada de sermos "salvos" como num passe de mágica, para escaparmos a galopes das labaredas do inferno – ou melhor, o medo e o terror que sentimos em nossa própria inferioridade –, não nos deixaram enxergar o que somente o espírito, através da fé raciocinada, pode nos revelar.

Isso é ter olhos e não ver; é ter ouvidos e não ouvir.

Já Tiago deixa tudo mais claro no terceiro fragmento bíblico acima ao dizer que a fé sem obras não tem valor, é morta. É lógico! De nada nos valeria toda a fé do mundo se esta não fosse concretizada em atitudes de fraternidade. Na verdade, quem tem pelo menos um pouco de fé não deixa de praticar de alguma forma a lei do amor e da caridade. Negar as obras é impedir que se efetive o objetivo da moral cristã. É impedir que o projeto de Deus deixe a planilha – o campo teórico –, e se manifeste na Terra. Em suma, é não permitir que se implante o reino de Deus entre os homens.

Servir ao Cristo é, sobretudo, fazer o que Ele recomendou: *"Amarás o Senhor, teu Deus, de todo o teu coração, de toda a tua alma e de todo o teu entendimento. Amarás o teu próximo como a ti mesmo. Destes dois mandamentos dependem toda a lei e os profetas."* (Mt 22.37-40).

Examinemos, agora, a passagem dita pelo próprio Cristo: *"Porque eu tive fome e me destes de comer; tive sede e me destes de beber; tive necessidade de alojamento e me alojastes; estive nu e me vestiste; estive doente e me visitastes; estive na prisão e viestes me ver."* (Mt 25:35,36).

Eis os critérios para se alcançar o reino de Deus. Agir, fazer o bem, praticar a caridade, é natural que só se pode fazer tudo isto movido pela força da fé, que, como já dissemos, nada tem a ver com *pertencer a uma denominação religiosa ou não* – lembrem-se do samaritano. Jesus não disse venham os que têm fé, mas chamou os eleitos por suas obras. A fé é, sim, o fundamento das obras.

Dizer-se religioso, salvo, bem-aventurado, somente

porque "professa" uma fé sem ação é o mesmo que dizer: "Habitarei o reino de Deus, porque aceitei Jesus e estou salvo" ou porque "pertenço à igreja tal". Se realmente não construirmos o reino de Deus em nosso interior e espalharmos os seus frutos, as ações edificantes, por onde passamos, longe estaremos das benesses do Céu.

Meditemos também, com atenção, sobre o conteúdo do versículo 10, da belíssima *oração dominical*:

...venha o teu reino, faça-se a tua vontade, assim na terra como no céu..."

Onde deve estar o reino de Deus? Em algum lugar no espaço sideral? Também lá, pois *"Há muitas moradas na casa de meu Pai."* (Jo 14:2), mas é preciso urgentemente instalá-lo dentro de nós, em vez de ficarmos aflitos para sermos arrebatados para um Paraíso sem dores e lágrimas que muito pouco nos será útil se não soubermos estender a mão a quem ainda não aprendeu a amar e qualquer ato de amor, independente do rótulo religioso de quem o pratica (cristão, budista ou muçulmano), é conseqüência de uma fé verdadeira, que só pode conduzir a Deus, porque revela, na prática, o que prescreveu Jesus. Portanto, todo aquele que coloca o amor em ação está agindo "evangelicamente", ou seja, em consonância com os postulados do Evangelho. E o que é o Evangelho? É a orientação trazida pelo Cristo a respeito dos princípios soberanos do viver e do conviver.

Todos sabemos, por exemplo, que o líder pacifista indiano Mahatma Gandhi (1869-1948) não trazia em si o rótulo de cristão. Mas alguém, em sã consciência, poderia dizer que suas atitudes pautadas na *não-violência* e no respeito ao semelhante não estavam profundamente de acordo com os ensinamentos trazidos por Jesus? Qual era a confissão religiosa desse grande líder? Ele não era hindu? Será que suas ações e suas obras não tinham como base a mesma fé daquele samaritano da parábola contada por Jesus? O mesmo fundamento: o amor?

Em *O Evangelho Segundo o Espiritismo*, cap.11, item 13, lemos ainda a seguinte orientação de um espírito amigo: *"Eu vos disse, ultimamente, meus caros filhos, que a caridade sem a fé não bastava para manter, entre os homens, uma ordem social capaz de torná-los felizes. Devia ter dito que a caridade é impossível sem a fé."* Percebemos, facilmente, que fé e caridade (o amor em ação) são elementos que caminham juntos na construção íntima da felicidade. Uma, o alicerce; a outra, o edifício da redenção humana. A fé precede e sustenta as obras. Estas conferem significado àquela. Não é por outro motivo que o Espiritismo, em sua sublime condição de *Consolador*, assevera-nos com propriedade, através de Kardec, que *"Fora da caridade não há salvação"*.

6

Reencarnação:

uma questão de justiça e misericórdia

Diante de um mundo com tantas desigualdades como podemos aceitar a existência de um Deus bom, justo e perfeito? Quantas diferenças encontramos em todos os campos da vida social!? Uns nascem com os mais admiráveis talentos para as artes e as ciências, enquanto outros mal conseguem aprender a "arranhar" as cordas de um violão ou desenvolver um raciocínio mínimo sobre qualquer questão elementar de filosofia. Uns têm acesso ao conhecimento e nada querem aprender, outros nascem em miseráveis favelas e ficam "loucos" quando descobrem a possibilidade de conhecerem o mundo e a vida através dos livros. Quantos nascem doentes e morrem cedo, e outros raramente adoecem? Ricos e pobres, sábios e tolos, bonitos e feios, sadios e doentes, todos são criaturas de Deus, mas então, porque são tão diferentes? Por que uns sofrem mais e outros menos?

Afinal de contas, onde está a justiça de Deus?

Se estendermos o nosso olhar analítico e crítico somente sobre a existência física em que nos encontramos, certamente não conseguiremos achar a justiça e a perfeição de Deus. Quase tudo nos parece desequilibrado na estrutura social do planeta, mesmo nos países economicamente desenvolvidos, porque também neles encontramos exorbitantes diferenças de ser para ser, alterando o nível de felicidade e realização em cada um.

As respostas para todas essas indagações só obteremos se compreendermos que não vivemos uma única vez sobre a face da Terra, mas que estamos em "constante" ir e vir, como nos afirmou o poeta alemão Goethe:

"A alma do homem é como a água;

vem do céu

e sobe para o céu,

para depois voltar à Terra, em eterno ir e vir."

Obviamente aqui nos referimos à *Lei da Reencarnação* presente em praticamente todas as religiões, ainda que de forma esotérica, oculta. Convém, primeiramente, dizer que não estamos em "eterno" processo reencarnatório sobre a Terra, mas que a palavra "eterno" aí empregada pelo poeta apenas se refere ao "longo" período de renascimento na carne pelo qual se deve passar o espírito até alcançar a "salvação" ou sua *individuação*. Fazemos uso aqui de um termo da Psicologia, tão amplamente elucidado na *série psicológica* do Espírito Joanna de Ângelis que, sobre a reencarnação tece as seguintes considerações no livro *O ser consciente, "A reencarnação é o método para o espí-*

rito aprender, agir, educar-se, recuperando-se quando erra, reparando quando se compromete negativamente. Inevitável a sua ocorrência, ela funciona por automatismo da Vida, impondo as cargas de uma experiência na seguinte, em mecanismo natural de evolução. Inscritos os códigos de justiça na consciência individual, representando a Consciência Cósmica, ninguém se lhe exime aos imperativos, por ser fenômeno automático e imediato." (p.111).

O termo "Reencarnação" surgiu na segunda metade do século XIX, em inglês, *Reincarnation*, para designar de forma mais objetiva a "ressurreição da carne", explicada por Paulo de Tarso, ou o "nascer da água", exposto esotericamente pelo Cristo a Nicodemos, lembrando que a água, desde os primórdios, representa o princípio físico do Universo, portanto, nossa parte material, o corpo.

Outros vocábulos que podem ser usados, em circunstâncias específicas, como sinônimos de Reencarnação são:

Transmigração (caminhar ou mover-se através de);

Metemsomatose (mudança de corpo);

Palingenesia (nascer de novo).

Atualmente, a maioria das orientações religiosas cristãs não aceitam a Lei da Reencarnação. O mais estranho é que a própria Bíblia, principal livro de estudo dessas denominações, apresenta inúmeras questões que só podem ser elucidadas e logicamente aceitas mediante o pensamento reencarnacionista.

Analisaremos algumas dessas singulares questões a seguir. Antes, porém, desejamos reiterar o nosso respeito a todas as concepções religiosas. Não nos esquecendo de que devemos sobrepor a letra para alcançarmos o entendimento do espírito.

7

João Batista e o Profeta Elias: dois homens, um só espírito

Uma figura singular do Novo Testamento é João, o Batista. Pregava no deserto da Judéia, *usava vestes de pêlos de camelo e um cinto de couro* (Mt 3:4); e se alimentava de gafanhotos e mel silvestre. *Preparava o Caminho do Senhor*, como asseverou o profeta Isaías (Is 40:3), quer dizer, preparava a terra, a consciência de seu povo, para a semeadura, os ensinamentos do Messias. Em Malaquias, há também referências à vinda de um emissário do Alto, como precursor de Jesus: *"Eis que envio o meu mensageiro, que preparará o caminho diante de mim; de repente, virá ao seu templo o Senhor, a quem vós buscais, o Anjo da Aliança, a quem vós desejais; eis que ele vem, diz o Senhor dos Exércitos."* (Ml 3:1). *"Eis que eu vos enviarei o profeta Elias, antes que venha o grande e terrível Dia do Senhor; ele converterá o coração dos pais aos filhos e o coração dos filhos aos seus pais, para que eu não venha e fira a terra com maldição."* (Ml 4:5,6). Essa promessa também é lembrada pelos discípulos de Jesus, quando interrogam o Mestre: *"Por que razão os escribas dizem que é preciso que Elias venha primeiro? Respondeu-lhe Jesus: Certamente Elias terá de vir para restaurar tudo. Eu vos digo, porém, que Elias já veio, mas não o reconheceram. Ao contrário, fizeram com ele tudo quanto quiseram. Assim também o Filho do Homem irá sofrer da parte deles. Então os discípulos entenderam que Ele se referia a João Batista."* (Mt 17:10-13). É importante lembrar que essa interrogação foi feita pelos discípulos a Jesus, logo após terem presenciado o contato do Mestre com Moisés e o profeta Elias em um alto monte, durante a Transfiguração. O apóstolo Pedro chegou a dizer: *"Senhor, bom é estarmos aqui; se quiseres, farei três tendas; uma será tua, outra para Moisés, outra para Elias."* (Mt 17:4).

Verifique, caro leitor, em sua Bíblia, a seqüência destes fatos. Naturalmente, Jesus ao afirmar "*Elias já veio*" – após o contato –, estava se referindo ao profeta Elias que vivera no tempo do Rei Acabe e que lhe aparecera há pouco no monte ao lado de Moisés. Diante desses episódios, fica evidente que o Espírito que viveu como João Batista, na época de Jesus encarnado, é o mesmo que vivera como o profeta Elias, cerca de oito séculos antes da vinda do Cristo à Terra.

Pois bem: o profeta Elias (espírito), contemporâneo do Rei Acabe, voltara na pessoa de João Batista como se afirma em Lucas: *"Disse-lhe, porém, o anjo: Zacarias, não temas, porque a tua oração foi ouvida; e Isabel, tua mulher, te dará à luz um filho, a quem darás o nome de João. Em ti haverá prazer e alegria, e muitos regozijarão com o seu nascimento. Pois ele será grande diante do Senhor, não beberá vinho nem bebida forte, será cheio do Espírito Santo, já do ventre materno. E converterá muitos dos filhos de Israel ao Senhor, seu Deus. E irá adiante do Senhor no espírito e poder de Elias, para converter os cora-*

ções dos pais aos filhos, converter os desobedientes à prudência dos justos e habilitar para o Senhor um povo preparado." (Lc 1:13-17). Cabe observar também, que a missão de João Batista, assinalada pelo anjo, é a mesma profetizada por Malaquias para a vida de Elias em sua nova tarefa na Terra: *...converter o coração dos pais aos filhos...*

Certa vez, porém, perguntaram a João Batista: *"És tu Elias? Respondeu ele: Não. És tu o profeta? E respondeu: Não."* (Jo 1:21). João Batista negou ser o profeta Elias, e com toda razão. Por quê? Analisemos: uma pessoa *(persona)* é composta basicamente de corpo e espírito (mais perispírito). Quando um desses elementos se altera não podemos mais dizer que se trata da mesma pessoa. O profeta Elias foi, naturalmente, dotado de um corpo e João Batista possuiu um outro corpo, por isso eram pessoas *(personas)* diferentes. Entretanto, o espírito que habitou o corpo de Elias é o mesmo que voltou à Terra, tempos depois, no corpo de João Batista, filho de Isabel.

Não eram, portanto, integralmente a mesma personalidade humana (personalidade humana = espírito + corpo), mas eram o mesmo espírito encarnado em corpos diferentes constituindo duas personalidades em épocas distintas.

Eis uma prova Bíblica da Reencarnação!

Muitos irmãos de diversas denominações religiosas cristãs, que, como já dissemos, muito respeitamos, afirmam categoricamente que a Bíblia condena a Reencarnação e apresentam o seguinte texto como prova: *"E, assim como aos homens está ordenado morrerem uma só vez, vindo, depois disto, o juízo, assim também Cristo, tendo-*

se oferecido uma vez para sempre para tirar os pecados de muitos, aparecerá uma segunda vez, sem pecado, aos que o aguardam para a salvação.” (Hb 9:27,28).

Essa passagem paulina não nega a Reencarnação. Afinal, o que é mesmo o homem, segundo as Escrituras? Responderei com o próprio texto bíblico e sua bela simbologia: *“Então, formou o Senhor Deus ao homem do pó da terra e lhe soprou nas narinas o fôlego de vida, e o homem passou a ser alma vivente.”* (Gn 2:2). Pois bem, então, o homem é o corpo que veio do *pó da terra* e não o Espírito, *fôlego de vida*, que lhe adentrou depois de sua constituição física, orgânica.

É interessante sabermos que o vocábulo homem está vinculado ao conceito de húmus, que no latim significa *o produto da decomposição parcial dos restos vegetais, aos quais se juntam restos animais em menor escala*; ou seja, parte do solo, da terra. Por isso, somos, *materialmente*, pó da terra.

Esse homem-corpo (*humus*) realmente morre uma só vez, mas o Espírito prossegue e, após o juízo (de Deus e de sua própria consciência), retorna ao proscênio terrestre a fim de prosseguir cada vez melhor, até alcançar a prática perfeita do Evangelho, e, aí sim, não mais necessitará reencarnar, porque estará “salvo”, ou seja, “curado de suas deficiências morais” pelos princípios evangélicos que somente Jesus personificou plenamente na Terra. É nesse sentido que podemos afirmar que Jesus salva. Por ser Ele, segundo os próprios Espíritos Superiores, *o tipo mais perfeito que Deus ofereceu ao homem, para lhe servir de guia e modelo* (ver *Livro dos Espíritos*, questão 625).

Ainda sobre as personalidades de João e Elias, podemos encontrar algo, no mínimo, interessante: *"Eles lhe responderam: Era homem vestido de pêlos, com lombos cingidos dum cinto de couro. Então disse ele: É Elias, o tesbita."* (II Reis 1:8). Mais um pequeno dado para a nossa exegese. Sabemos que o espírito pode apresentar os mesmos hábitos em reencarnações diferentes, o que é muito natural, pois esses têm a ver com o comportamento do ser espiritual e não com o ser físico. Os costumes pertencem ao Espírito e não ao corpo. Assim, o espírito João Batista apresentava a mesma vestimenta de quando na Terra esteve na personalidade de Elias. Coincidência? Todos aqueles que, em períodos diferentes, enfrentaram a aridez do deserto se vestiram assim? Ainda que a resposta fosse afirmativa, não anularia nenhuma das considerações anteriores.

Finalizando esta exposição de fatos e reflexões sobre João e Elias, trago à luz, mais uma vez, a palavra iluminada do próprio Cristo, a respeito da questão em análise: *"Desde os dias de João Batista até agora, o Reino dos Céus sofre violência, e os violentos se apoderam dele. Porque todos os profetas bem como a lei profetizaram até João. E se o quereis reconhecer, ele mesmo é Elias, que estava para vir. Quem tem ouvidos (para ouvir), ouça."* (Mt 11:12-15). Será que temos tido ouvidos (para ouvir), ou ainda ouvimos (e também lemos) somente aquilo que interessa ao nosso ego?

Ainda somos, todos nós, crianças espirituais, e um dia, quando o amor vencer o egoísmo nos relacionamentos humanos, seremos capazes de ouvir com atenção e respeito qualquer concepção religiosa, filosófica, ideológica ou política sem condenarmos precipitadamente aquilo que ainda não conhecemos em profundidade.

8

Outras passagens bíblicas sobre a Reencarnação

Nascer de Novo

a) "Em verdade, em verdade vos digo: quem não nascer de novo não pode ver o Reino de Deus. Disse-lhe Nicodemos: Como pode um homem nascer, sendo já velho? Poderá entrar uma segunda vez no seio de sua mãe e nascer? Respondeu-lhe Jesus: Em verdade, em verdade, te digo: quem não nascer da água e do Espírito não pode entrar no Reino de Deus. O que nasce da carne é carne, o que nasce do Espírito, é espírito. Não te admires de eu te haver dito: necessário vos é nascer de novo. O vento sopra onde quer e ouves o seu ruído, mas não sabes de onde vem nem para onde vai. Assim acontece com todo aquele que nasceu do Espírito." (João 3:3-8)

Nessa magnífica exposição, Jesus nos fala com peculiaridade a respeito da Reforma Íntima ou reforma moral – *nascer do Espírito* –, imprescindível para alcançar o Reino de Deus, que é todo equilíbrio e amor, e também da Reencarnação – *nascer da água* – Lei Natural que oportuniza a evolução dos Espíritos através de múltiplas experiências na carne. Expressão máxima da justiça e da misericórdia de Deus.

Desde os primórdios do pensamento humano, a água representa a origem material do mundo: *"No princípio, criou Deus os céus e a terra. A terra, porém estava sem forma e vazia; havia trevas sobre a face do abismo, e o Espírito de Deus pairava sobre as águas."* (Gn 1:1,2). No próprio texto bíblico, a água aparece como o elemento material em oposição ao elemento espiritual (o Espírito de Deus).

Para Tales de Mileto (séc.VI a.C.), primeiro filósofo grego e fundador da escola jônica, o elemento original, o princípio regulador do mundo, era a água, causa natural de todas as coisas. E Deus, a inteligência que sobre ela atuou. Como se vê, o pensamento do filósofo não estava nada distante da informação registrada no livro de Gênesis.

Portanto, nascer da água significa nascer da matéria, ou seja, da carne (do corpo): *o que nasce da carne é carne.*

A reencarnação, portanto, é um mecanismo físico que possibilita, durante um determinado período, a aprendizagem do espírito na Terra, onde o esquecimento provisório de suas "vivências passadas" contribui para o seu reajustamento perante o próximo, a si mesmo e a Consciência Divina.

Observação: Consideramos a expressão "vivências passadas" mais coerente que "vidas passadas", posto que o espírito não vive várias vidas, mas somente uma, a vida eterna, imortal. Ele experiencia várias e diferentes vivências na carne, portanto, *vivências passadas.*

Responsabilidade Individual

b) "Perguntais porque não leva o filho a iniqüidade do pai! É que o filho praticou a justiça e a eqüidade, e, como observa e cumpre as minhas leis, também viverá. É o pecador que deve perecer. Nem o filho responderá pelas faltas do pai nem o pai pelas do filho. É ao justo que se imputará sua justiça, e ao mau sua malícia." (Ez. 18,19)

c) "Iahvéh passou diante dele, e exclamou: "Iahvéh, Iahvéh, Deus piedoso e misericordioso, tardio em irar-se, e grande em benignidade e verdade, que guarda benignidade por milhares de gerações, que perdoa a iniqüidade, rebelião ou pecado, e não livra o culpado que não faz penitência, visita a iniqüidade dos pais nos filhos, e nos filhos dos filhos, sobre terceiras e quartas gerações ou sobre netos e bisnetos." (Ex. 34,6 e 7)

O texto de Ezequiel afirma categoricamente que o filho não pode sofrer pelos erros do pai, nem o pai pelos do filho. Cada um é responsável pelos seus próprios erros ou pecados. Isso está claro! Já em Êxodo, Iahvéh (o Senhor) pune o erro dos pais nos filhos e nos netos e bisnetos. Ora! Seria uma contradição na Bíblia? Um paradoxo? Não. Apenas encontramos aqui mais uma questão que só pode ser compreendida e elucidada através da concepção reencarnacionista. Como assevera a *Doutrina Espírita*, o

Espírito que errou (pecou), após o desencarne, pode retornar à vida terrena como neto ou bisneto – de si mesmo –, sofrendo, agora, as conseqüências de suas próprias faltas: "*... pois aquele que faz injustiça receberá em troco a injustiça feita; e nisto não há acepção de pessoas.*" (Cl 3:25) – Lei de Causa e Efeito.

Na verdade, como se pode observar, o sofrimento não é uma punição de um Deus vingativo e orgulhoso, que deseja destruir a sua própria criação, mas uma oportunidade de voltarmos ao Pai – todo amor e misericórdia –, através da dor, já que não conseguimos através do amor.

A dor é opção nossa! Se praticarmos a Lei de Amor, como orienta o *Evangelho de Jesus*, não colheremos frutos amargos no porvir, porque somente procuramos semear o bem. Além disso, também poderemos corrigir, através da Caridade, do amor em ação, os males que promovemos no passado, porque, verdadeiramente, "*... o amor cobre uma multidão de pecados." (1 Pe 4.8).* Mais uma singular manifestação da misericórdia de Deus. Como assevera Divaldo Pereira Franco: *o bem que se faz anula o mal que se fez.*

O Corpo Material dos Ressuscitados

d) *"Mas alguém dirá: Como ressuscitam os mortos? E em que corpo vêm? Insensato! O que semeias não nasce, se primeiro não morrer; e quando semeias, não semeias o corpo que há de ser, mas o simples grão, como de trigo ou de qualquer outra semente. Mas Deus lhe dá corpo como lhe aprouve dar e a cada uma das sementes, o seu corpo apropriado. Nem toda carne é a mesma; po-*

rém uma é a carne dos homens, outra, a dos animais, outra, a das aves, e outra, a dos peixes." (1 Co 15:35,39).

O apóstolo Paulo, no início do fragmento bíblico acima, elabora duas perguntas: *Como ressuscitam os mortos? E em que corpo vêm?*, em seguida, apresenta a resposta, dizendo que para nascer, primeiro se deve morrer *(o que semeias não nasce, se primeiro não morrer)* e afirma também que o corpo que irá nascer (renascer) não é o mesmo que foi semeado, "sepultado", *(e, quando semeias, não semeias o corpo que há de ser, mas o simples grão, como de trigo ou de qualquer outra semente).* Ninguém ressuscitará com o mesmo corpo, como alguns religiosos ainda acreditam.

Paulo também explica que Deus dá o corpo de acordo com a sua vontade *(Mas Deus lhe dá corpo como lhe aprouve dar e a cada uma das sementes, o seu corpo apropriado).* Cada espírito recebe o corpo que merece para evoluir, segundo a vontade do Criador. O Apóstolo ainda vai mais longe, e nega a Metempsicose: doutrina grega que afirmava poder reencarnar um espírito humano no corpo de um animal *(Nem toda carne é a mesma; porém uma é a carne dos homens, outra, a dos animais, outra, a das aves, e outra, a dos peixes).* O espírito é de homem, voltará (reencarnará), inevitavelmente, num corpo humano. O espírito não retrocede na evolução.

Na passagem em estudo, Paulo afirma que o espírito retorna à carne, ou seja, ao corpo físico; ele diferencia os tipos de carne, de corpo. Após falar da volta à carne ("ressurreição da carne" = reencarnação), Paulo fala da ressurreição do espírito. Menciona a diferença entre o corpo material e o espiritual (o perispírito): *"Também há corpos celestiais e corpos terrestres; e, sem dúvida, uma é glória dos celestes, e outra, a dos terrestres."* (1 Co 15:40).

Com toda razão o apóstolo Pedro afirmou: *"...o nosso amado irmão Paulo vos escreveu, segundo a sabedoria que lhe foi dada, ao falar acerca destes assuntos, como, de fato, costuma fazer em todas as suas epístolas, nas quais há certas coisas difíceis de entender, que os ignorantes e instáveis deturpam, como também deturpam as demais Escrituras, para a própria destruição deles."* (2 Pe 3:15,16).

Acreditar que, no final dos tempos, sairemos da sepultura (ressuscitaremos) com o mesmo corpo que no passado retornou à terra, ao *pó da terra*, é certamente um entendimento equivocado, *uma deturpação perante o texto paulino.*

9

Eu: um antigo desconhecido

Conta-se que, interrogado Sócrates sobre qual o caminho mais curto para a felicidade, respondeu o mestre grego: *"Conhece-te a ti mesmo"*. Esse axioma se encontrava presente no Templo de Apolo, Santuário de Delfos, na Grécia.

Quase dois milênios e meio após a iluminada assertiva do filósofo, poderíamos afirmar que aprendemos a nos conhecer? Parece que não, ou pelo menos, não o quanto deveríamos porque ainda não temos um domínio considerável sobre nossas próprias vontades e desejos. Ainda somos, por exemplo, capazes de agir com violência por causa de uma simples partida de futebol. Ainda matamos por causa do desejo do poder. Ainda agredimos verbalmente o próximo, porque discordamos de sua opinião sobre política, religião ou qualquer outro tema.

Mas o que tem a ver tais comportamentos com o fato de não nos conhecermos? Bem, pergunto: um homem que procurasse tomar conhecimento de suas imperfeições (e todos, na Terra, ainda temos as nossas), de seus limites e do verdadeiro objetivo de sua passagem neste planeta (aprender a amar), ainda assim, agiria com violência pelos motivos acima expostos? Claro que não. Talvez, em uma situação muito específica, em que o instinto de sobrevivência, "resquício de nossa animalidade", sobrepusesse a razão espiritualizada, pudesse o aprendiz do bem perder o equilíbrio e, em defesa de sua integridade física, também utilizar da violência como autoproteção. Fato que muito dificilmente aconteceria com os indivíduos há algum tempo iniciados na Lei do Amor, na Lei de Causa e Efeito, e no autoconhecimento.

Cabem, agora, novas indagações: como poderá o homem amar a si mesmo, se primeiro não se autoconhecer? Porventura, é possível amar verdadeiramente algo que não se conhece? Evidentemente que não. Amar também implica conhecer. Não amamos a Deus simplesmente porque o primeiro mandamento ordena amá-lo sobre todas as coisas, mas porque podemos reconhecer de alguma forma sua bondade e sua sabedoria na obra da Criação. Caso contrário, o mandamento não encontraria ressonância no íntimo do ser humano. Também temos que considerar que o mandamento de *amar o próximo como a si mesmo* foi proposto pelo próprio Cristo, que somente fez o bem durante sua passagem luminosa pela Terra, ou seja, o ensinamento do Mestre possuía a autoridade de seu exemplo, de sua atitude superior; e que ao ensinar Ele se apresentou como um verdadeiro Professor e Terapeuta, profundo conhecedor das aflições de nossa alma, aconselhando: *"Tomai sobre vós o meu jugo e aprendei de mim, porque sou manso e humilde de coração; e achareis descanso para a vossa alma."* (Mt 11.29).

Conhecer a si mesmo, portanto, é premissa indispensável para se auto-amar e amar ao próximo, respeitando suas opiniões, suas vontades e suas atitudes. Quem se descobre como realmente é – ou foi –, jamais será capaz de condenar alguém com o objetivo de destruí-lo. Poderá até julgar e condenar "o crime", a atitude infeliz, levando o criminoso a responder pela sua ação – porque ninguém pode transgredir as Leis da Vida –, mas sempre no intuito de oportunizar o seu refazimento moral perante Deus, a sociedade e a si mesmo.

Segundo o Espírito Joanna de Ângelis, em *Vida: desafios e soluções*, *"O autoconhecimento revela ao ser as suas possibilidades e limitações, abrindo-lhe espaços para a renovação e conquista de novos horizontes de saúde e plenificação, sem 'consciência de culpa', sem estigmas."* (p.83).

10

Jesus:

nosso guia e modelo

Falar de Jesus é sempre a maior das alegrias, porque, ao mesmo tempo, sensibiliza e conduz a patamares elevados de consciência. É verdade que não podemos compreender toda a realidade divina do Cristo.

Na Terra somos todos ainda muito limitados. Somos espíritos nos primeiros degraus da evolução espiritual. Mas, se desejarmos, poderemos iniciar nossa modesta trajetória a procura do *Filho do homem.* Em busca daquele sobre o qual afirmou o apóstolo Paulo: "*E não há salvação em nenhum outro; porque abaixo do céu não existe nenhum outro nome, dado entre os homens, pelo qual importa que sejamos salvos.*" (Atos 4.12). Essa afirmação eleva Jesus ao ápice da pirâmide redentora, acima de todos os demais missionários de Deus que já encarnaram na Terra. Não significa, em absoluto, considerar os demais como desnecessários à evolução da humanidade, pois o mesmo apóstolo, que em *Atos* apresentou Jesus como o único caminho, coloca-se como modelo a ser observado pelos seus seguidores: "*Sede meus imitadores, como tam-*

bém sou de Cristo." (1 Co 11.1); *"Admoesto-vos, portanto, a que sejais meus imitadores."* (Co 3.16); *"Irmãos, sede imitadores meus e observai os que andam segundo o modelo que tendes em nós."* (Fp 3.17).

Com toda certeza, é de grande significado espiritual para todos nós, compreender por que Jesus é apresentado a Kardec pelos Espíritos Superiores como *o tipo mais perfeito que Deus ofereceu ao homem para lhe servir de guia e modelo* (Questão 625, *O Livro dos Espíritos).* Quem sabe, procurarmos conhecê-lo um pouco mais no seu aspecto histórico, e, principalmente, em sua moral profunda e transformadora!

Quem foi esse homem que, há dois mil anos, reconheceu o AMOR como o maior dos sentimentos e princípio gerador da vida? Que homem foi esse que renegou a matéria e inaugurou o Reino do Espírito? Que não apenas curou corpos, mas, sobretudo, iluminou almas? Um jovem carpinteiro?

O Nazareno passou por aqui e deixou seus rastros luminosos para sempre! Sua filosofia encanta e educa, liberta e orienta. Contudo, mesmo conhecendo sua palavra, ouvindo sua mensagem, muitos de nós ainda insistem no materialismo e no desamor. Não basta, então, apenas conhecê-Lo. O conhecimento da figura de Jesus e de sua mensagem, nem sempre consiste na prática real de seu Evangelho.

No Movimento Espírita, por exemplo, ainda temos imensuráveis imperfeições! Invejas injustificáveis! Comodismo religioso! Pouco estudo! Mesmo contemplando de perto a Luz redentora do *Consolador*, que o próprio Cristo prometeu e enviou à humanidade, quantos de nós ainda estamos estagnados nas barreiras de nossa própria inferioridade moral, no egoísmo? Ou ainda, quantos ainda se importam mais com os fenômenos físicos do que com a reforma íntima?

A Idade Média, como já mencionamos no primeiro capítulo, foi o palco maior das aberrações cometidas em nome da Religião. Inumeráveis fogueiras levaram ao suplício horrendo aqueles que não concordavam com os dogmas católicos.

Muito recentemente, no ano de 2001, portanto no "terceiro milênio", Protestantes fanáticos da Irlanda do Norte apedrejaram crianças Católicas, que transitavam por uma rua em que, há duzentos anos, passara um rei Protestante. O que é isso?! Onde está, afinal, o amor?! E, se *Deus é amor*, como afirmou João, o evangelista. Que "Deus" é esse que manda apedrejar crianças, simplesmente pelo fato de pertencerem a outra confissão religiosa, também "cristã", porém diferente daquela que "o tal rei" professava?

Crianças não têm noção exata da crença que seguem. Na verdade, seguem a crença de seus pais! Está claro que esse não é o mesmo Deus apresentado à humanidade por Jesus. Lembrando que, certa vez, o Mestre impediu o apedrejamento de uma "mulher adúltera", e não deixou de acolher e abençoar os "pequeninos", trazidos até Ele por suas mães. Mas aqueles "religiosos", que apedrejaram as criancinhas católicas, não se consideram verdadeiros cristãos? Não se acham entre os eleitos e salvos do Senhor? Provavelmente. Mas sabemos que "achar" é algo bem diferente de realmente "estar"!

Tudo indica que encontramos nas referências acima alguns dos "seguidores" de Jesus. Homens que seguem uma figura, um nome. Adoram a uma "imagem". São adoradores de imagens! Não, necessariamente, de imagens de barro, mas de outros tipos de imagem. Imagens verbais e teatrais, por exemplo. Símbolos, rituais, frases decoradas da Bíblia, números de capítulos e versículos, jargões religiosos... São verdadeiros adoradores de "imagens". Isso quer dizer: de elementos materiais. Pois tudo aquilo que não pertence ao Espírito, pertence à matéria, que por sua vez é uma representação do mundo espiritual, uma **imagem**. Esses homens seguem a Luz, mas não se tornam por isso iluminados, pois ainda se encontram espiritualmente cegos.

Falam da Água da Vida, mas não bebem na Fonte. São seguidores que acompanham o Mestre, nas mais variadas denominações religiosas (consideram-se verdadeiros Espíritas, Católicos, Evangélicos etc.). Utilizam-se de palavras cristãs. Descrevem como poucos os prodígios do Cristo. Admiram os Santos e os mártires. Expulsam "demônios". Cantam longos e belos hinos de louvor. Identificam os Espíritos Superiores. Percebem a presença dos irmãos infelizes do plano espiritual inferior. Contudo, pouco vivenciam da Filosofia do Cristo, pouco praticam da sua elevada moral e se encontram distantes dos seus exemplos sublimes de amor incondicional.

Temos, porém, o dever moral de também ressaltar que é óbvio e evidente que muitos irmãos Evangélicos nada têm a ver com as atitudes infelizes daqueles Protestantes fanáticos da Irlanda e que fanáticos podem ser encontrados em todas as instituições humanas, sejam elas religiosas, políticas ou até mesmo desportistas. Devemos afirmar, ainda, que o Catolicismo hoje – principalmente através do Papa João Paulo II –, tem aberto as portas da Igreja a todos os homens, católicos ou não, em nome do Cristo e que o Espiritismo, desde o marco de seu advento em 1857, na França, com a publicação de *O Livro dos Espíritos*, tem alargado as consciências humanas no mundo inteiro, através do trabalho incansável de inúmeros trabalhadores dos dois Planos da vida, servidores dedicados do Senhor.

Mencionamos neste capítulo alguns fatos reais e tristes, ainda constantes nas lides religiosas, apenas para demonstrar que ser cristão é algo muito além de possuir rótulos, repetir rezas, decorar versículos ou se dizer salvo. Ser Cristão é, antes de tudo, trabalhar no constante aperfeiçoamento interior, sob a orientação do Evangelho ensinado por Jesus.

Um outro grave erro teológico em que se pode incorrer, é acreditar que Jesus já fez tudo para a nossa salvação e que, mediante isso, da nossa parte, não se tem mais nada a fazer. Terrível ilusão! Ele mesmo observou à multidão que O seguia e aos Seus discípulos: *"Se alguém quer vir após mim, a si mesmo se negue, tome sua cruz e siga-me."* (Mc 8:34). Ele já fez realmente o principal da Sua parte: ensinou e viveu o Evangelho de forma plena, do seu nascimento ao seu retorno à pátria espiritual. Sacrificou-se na cruz por nós, como modelo perfeito diante dos desígnios do Pai, para que, a partir daí, promovêssemos, cada um de nós, a nossa elevação moral, a nossa cura espiritual, com o roteiro redentor que Ele nos deixou.

Jesus é o caminho, mas a caminhada é nossa. Carregando é claro a cruz de nossas dores, até sermos totalmente curados, salvos, libertos pelo conhecimento da Verdade, que nos levará à prática da caridade: *"Porque o Filho do homem há de vir na glória de seu Pai, com os seus anjos, e, então, retribuirá a cada um conforme as suas obras."* (Mt 16:27). O reino do Pai, portanto, não é construído pelos ociosos. Como afirmou o apóstolo Paulo: *"...através de muitas tribulações, nos importa entrar no reino de Deus."* (Atos 14:22) e ainda disse mais, o guia dos gentios, a respeito da constante evolução e do autoaperfeiçoamento: *"...desenvolvei a vossa salvação com temor e tremor."* (Fl 2:12); *"Não que eu o tenha já recebido ou tenha já obtido a perfeição; mas prossigo para conquistar aquilo para o que também fui conquistado por Cristo Jesus."* (Fp 3:12). Realmente, Jesus nos convoca para a redenção, e com seu Evangelho de luz, aponta-nos a direção a seguir.

Sobre Ele, Joanna de Ângelis comenta em sua obra *Jesus e atualidade: "Jesus é a personagem histórica mais identificada com o homem e com a humanidade. Todo o seu ministério é feito de humanização, erguendo o ser do instinto para a razão e daí para a angelitude. Igualmente, é o Homem que mais se identifica com Deus. Nunca se Lhe refere como se estivesse distante, ou fosse desconhecido, ou temível. Apresenta-O em forma de Amor, amável e conhecido, próximo das necessidades humanas, compassivo e amigo."* (p.25).

Complementando as reflexões deste capítulo, importante é compreendermos definitivamente o significado real de "SALVAÇÃO".

Ser salvo não significa ter sido privilegiado por Deus, mas ter promovido em si mesmo, através do próprio esforço, a cura de todas as imperfeições morais, orientando-se, é claro, na mensagem salvífica de Jesus, o Cristo, porque como Ele mesmo afirmou: *Antes que vós fôsseis, eu já era*. Ele é nosso Irmão mais velho, que conhece todos os enigmas existenciais. É nosso Amigo incondicional, porque alcançou a plenitude em Deus. É, verdadeiramente, o caminho e a verdade para a vida plena.

11

Comunicação com os "mortos"

Sem sombra de dúvida, a Bíblia é um dos maiores mananciais de comunicações espirituais ou mediúnicas da humanidade. Se ao longo dos séculos seus livros sofreram traduções irresponsáveis ou manipulações humanas, mesmo assim, a marca da Espiritualidade se faz nela incorruptível e a essência de sua mensagem ainda pode ser alcançada por todos que buscam no espírito, que vivifica; além da letra, que **mata.**

Segundo o professor José Reis Chaves, respeitável estudioso de religiões comparadas, autor dos livros *A Reencarnação Segundo a Bíblia e a Ciência* e *A Face Oculta das Religiões*, a Bíblia foi escrita num período de 1600 anos, de 1513 a.C. ao ano 98 da era cristã, mas é óbvio que após esses dezesseis séculos, o mundo espiritual não fechou as portas para a humanidade encarnada. Ao contrário, o próprio Cristo afirmou: *"Tenho ainda muito que vos dizer, mas vós não o podeis suportar agora."* (Jo 16:12). É claro, que as revelações espirituais continuam, respeitando sempre o grau de evolução da consciência humana, pois Deus é um Pai sábio e jamais oferece aos seus filhos o que, de alguma forma, eles ainda não podem assimilar.

Num mesmo período histórico, encontramos diferentes níveis de consciência humana, dando origem a concepções religiosas distintas, ou seja às diversas correntes filosófico-doutrinárias. Deus é um só, mas cada um O "vê" de acordo com a sua condição íntima, seu desenvolvimento moral e, principalmente, sua capacidade de amar. O homem rude O "enxerga" como um Deus guerreiro, vingativo, que pune a criatura rebelde como um senhor cruel puniria a um servo infiel. O homem mais espiritualizado O "vê" como Pai, que é justiça, porém antes disto Ele é amor e misericórdia, porque a justiça sem o amor não é justiça, mas crueldade.

Em todas as épocas da humanidade, a Espiritualidade Superior se utilizou de instrumentos próprios para revelar às criaturas pensantes suas verdades sublimes.

Vidente, *profeta* e *médium* são terminologias diferentes que designam esses instrumentos em diferentes momentos psicológicos de nossa historiografia. São pessoas que possuem a faculdade de sentir as manifestações do mundo espiritual. Allan Kardec, o insigne Codificador da Doutrina Espírita, explica com simplicidade essa faculdade: *"Toda pessoa que sente, em um grau qualquer, a influência dos espíritos, por isso mesmo, é Médium."* (Livro dos Médiuns, cap. XIV – item 159).

Lemos em I Samuel 9:9, a seguinte afirmativa: *"Antigamente, em Israel, indo alguém consultar a Deus, dizia: Vinde, vamos ter com o vidente; porque ao profeta de hoje, antigamente, se chamava vidente"*.

Em Joel 2:28, encontramos a promessa do derramamento do Espírito de Deus sobre todas as criaturas humanas: *"E acontecerá, depois, que derramarei o meu Espíri-*

to sobre toda a carne; vossos filhos e vossas filhas profetizarão, vossos velhos sonharão, vossos jovens terão visões". Sabemos que a mediunidade é uma potencialidade do Espírito, mas que apresenta registro no corpo físico, como explica *O Livro dos Médiuns*, item 226-1°: *"...a faculdade* [mediúnica], *propriamente dita, relaciona-se com o organismo...",* portanto, consiste, realmente, no derramamento do Espírito sobre a carne.

Muitos homens de Religião condenam a comunicação com os Espíritos, os quais, ainda hoje, chamam de "Mortos" (as comunicações espíritas), e para isso utilizam-se, principalmente, da seguinte passagem bíblica: *"Quando entrares na terra que Iahvéh, teu Deus, te dá, não aprendas a fazer as abominações daquelas nações. Não se achará em ti quem faça passar seu filho ou sua filha pelo fogo, nem adivinhador, nem feiticeiros, nem agoureiro, nem cartomante, nem bruxo, nem mago e semelhante, nem quem consulte o necromante e o adivinho, nem quem exija a presença dos "mortos"."*(Dt 18:9-11).

A questão é tão lamentável, que, na atualidade, encontramos diversas traduções das Escrituras as quais, no lugar da palavra *feiticeiro,* apresentam os vocábulos *médiuns, médiuns espíritas, espíritas*. Essas palavras foram criadas por Allan Kardec, no século XIX. Simplesmente, não existiam quando *Deuteronômio* foi escrito. No texto de Moisés supracitado (ver *Analisando as Traduções Bíblicas* de Severino Celestino da Silva, cap. V), encontramos uma proibição do ato de "exigir" a presença dos mortos. A maioria das Bíblias em Português apresenta a palavra **consulta** como tradução do verbo **lidrôsh ("exigir" em hebraico)**, presente no texto bíblico original.

É preciso compreender que no momento em que o legislador hebreu fez tal proibição, seu povo havia saído do cativeiro no Egito e trazia consigo reflexos da idolatria, do politeísmo e suas práticas lá existentes. Nesta época, existiam os adivinhos que iam à noite para os cemitérios, deitavam-se de bruços sobre os túmulos, para tentarem estabelecer um diálogo com os "mortos". Moisés foi extremamente sábio ao elaborar tal proibição, inibindo práticas mediúnicas esdrúxulas no meio do povo, que nada têm a ver com a mediunidade pautada nas diretrizes do Evangelho, como orienta à Doutrina Espírita.

No capítulo VII, p.427, do livro *Paulo e Estêvão,* do Espírito Emmanuel, psicografado por Francisco Cândido Xavier, encontramos a esclarecedora elucidação: *"O mediunismo evangelizado, dos tempos modernos, é o mesmo profetismo das igrejas apostólicas".* Isso quer dizer que a faculdade medianímica, o mediunismo, em si, não é um mal. Mas, como toda capacidade humana, deve ser direcionada para o bem, obedecendo a princípios de uma moral elevada, a objetivos superiores. O mediunismo educado sob a orientação do Evangelho, alcançará a estatura moral de MEDIUNIDADE: o mesmo PROFETISMO Bíblico. Caso contrário, não passará de um fenômeno psicofísico sujeito a transtornos espirituais.

Observe como o eminente codificador, na segunda parte de *O Livro dos Médiuns*, cap. XVII, – obra ímpar na área da fenomênica espírita –, trata com apurada didática a questão do desenvolvimento mediúnico: *"Uma vez a faculdade desenvolvida no médium, é essencial que dela não abuse. A satisfação, que ela proporciona a certos principiantes, excita neles um entusiasmo que é impor-*

tante moderar; deve pensar que lhe é dada para o bem e não para satisfazer uma vã curiosidade; por isso é útil não se servir dela senão nos momentos oportunos, e não a cada instante; não estando os Espíritos constantemente às suas ordens, correm o risco de serem joguetes dos mistificadores".

Como se pode facilmente observar, entrar em contato com o mundo espiritual requer orientação própria, disciplina, ética e, principalmente, amparo da Espiritualidade Superior. -Se ainda hoje, damo-nos conta de inúmeras práticas mediúnicas distantes das diretrizes da moral e do bom senso, imagine no tempo de Moisés! É importante saber que o mediunismo não é uma invenção das religiões. Ter esta faculdade independe de ser Espírita, Católico, Protestante ou Budista, mas requer, como já foi dito, orientação espiritual específica para seu uso correto.

Moisés nunca condenou a comunicação espiritual elevada, pelo contrário, desejava-a mais freqüente em seu povo, como lemos na seguinte passagem: *"Porém, no arraial, ficaram dois homens; um se chamava Eldade, e o outro, Meldade. Repousou sobre eles o Espírito, porquanto estavam entre os inscritos, ainda que não saíram à tenda; e profetizavam no arraial. Então, correu um moço, e o anunciou a Moisés, e disse: Eldade e Meldade profetizam no arraial. Josué, filho de Num, servidor de Moisés, um dos seus escolhidos, respondeu e disse: Moisés, meu senhor, proíbe-lho. Porém Moisés lhe disse: Tens tu ciúmes por mim? Tomara todo o povo do Senhor fosse profeta, que o Senhor lhes desse o seu Espírito!"* (Nm 11:26-29).

Alguns poderiam argumentar que os verdadeiros

profetas recebiam o Espírito do Senhor, que não são os Espíritos do Mortos.

Voltemos, então, à história de Moisés. Sabemos que o grande líder hebreu desencarnou, como podemos ler em Deuteronômio, 34:5-7: *"Assim, morreu Moisés, servo do SENHOR, na terra de Moabe, segundo a palavra do SENHOR. Este o sepultou num vale, na terra de Moabe, defronte de Bete-Peor; e ninguém sabe, até hoje, o lugar da sua sepultura. Tinha Moisés a idade de cento e vinte anos quando morreu; não se lhe escureceram os olhos, nem se lhe abateu o vigor"*. Porém, não findou aí sua contribuição neste mundo dos "vivos". Séculos depois, o encontramos no monte Tabor, ao lado do Profeta Elias, conversando com Jesus: *"Seis dias depois, tomou Jesus consigo a Pedro e aos irmãos Tiago e João e os levou, em particular, a um alto monte. E foi transfigurado diante deles; o seu rosto resplandecia como o sol, e as suas vestes tornaram-se brancas como a luz. E eis que lhes apareceram Moisés e Elias, falando como ele."* (Mt 17:1-3). O próprio Moisés retorna dos "mortos"?! Sim. Ali, diante do Mestre, representou a Lei, deixando claro que a comunicação com o plano espiritual é perfeitamente possível. Sua proibição foi destinada ao abuso da prática mediúnica, não ao exercício superior da mediunidade.

Além de Moisés e Kardec, João Evangelista também deixou uma importante orientação aos médiuns de seu tempo: *"Amados, não deis crédito a qualquer espírito; antes, provai os espíritos se procedem de Deus, porque muitos falsos profetas têm saído pelo mundo afora."* (I Jo 4:1).

12

Os espíritos na Bíblia

Na *Parábola* contada por Jesus do *Rico e Lázaro* (ou *O Rico e o Pobre*), analisaremos o relacionamento dos Espíritos na erraticidade (planos espirituais) e o estado de felicidade ou de sofrimento em que se encontram, de acordo com o que praticaram na Terra.

Em breves passagens de *Atos dos Apóstolos*, veremos a comunicação dos Espíritos Superiores (ou do *Espírito Santo*) com os encarnados.

1. O rico e o pobre Lázaro no Além

"Ora, havia certo homem rico, que se vestia de púrpura e de linho fino, e que todos os dias banqueteava esplendidamente. Havia também certo mendigo, chamado Lázaro, coberto de chagas, que jazia à porta daquele; e desejava alimentar-se das migalhas que caíam da mesa do rico; e até os cães vinham lamber-lhe as úlceras. Aconteceu morrer o mendigo e ser levado pelos anjos para o seio de Abraão; morreu também o rico, e foi sepultado.

No inferno, estando em tormentos, levantou os olhos e viu ao longe a Abraão e Lázaro no seu seio. Então, clamando, disse: Pai Abraão, tem misericórdia de mim! e manda Lázaro que molhe em água a ponta do dedo e me refresque a língua, porque estou atormentado nesta chama. Disse, porém, Abraão: Filho, lembra-te de que recebeste os teus bens em tua vida, e Lázaro, ao contrário, os males; agora, porém, aqui, ele está consolado; tu, em tormentos. E, além de tudo, está posto um grande abismo entre nós e vós, de maneira que os que querem passar daqui para vós não podem, nem os daí passar para nós. Então replicou: Pai, eu te imploro que o mandes à minha casa paterna, porque tenho cinco irmãos; para que lhes dê testemunho a fim de não virem para este lugar de tormento. Respondeu Abraão: Eles têm Moisés e os profetas; ouçam-nos. Mas ele insistiu: Não, pai Abraão; se alguém dentre os mortos for ter com eles, arrepender-se-ão. Abraão, porém, lhe respondeu: Se não ouvem a Moisés e aos profetas, tampouco se deixarão persuadir, ainda que ressuscite alguém dentre os mortos." (Lc 16:19-31)

Nessa parábola, observamos dois espíritos desencarnados em condições distintas no plano espiritual. Lázaro, o pobre, consolado no *Seio de Abraão* (plano espiritual superior) e o rico, que nem nome apresenta, sofrendo no Inferno (plano espiritual inferior). O rico pede ajuda a Abraão e a Lázaro. Mas o patriarca afirma existir um "abismo" entre eles, que impossibilita a passagem de um para o outro lado. Como se vê, esse abismo não é geográfico, não se trata de uma separação espacial, física, porque eles se vêem e dialogam plenamente. O abismo é moral, espiritual. Aquele que vivenciou na Terra o egoísmo, o materialismo e a avareza não pode usufruir, na Pátria espiritual, do bem-estar daquele que praticou a Lei de Amor e de caridade, que foi humilde e, agora, está em paz consigo mesmo e com Deus. Eis o abismo real entre os Espíritos: o estado de consciência de cada um. Na consciência é que se encontra a origem do Céu e do Inferno.

Como sabemos, o pensamento é a verdadeira fonte geradora da realidade existencial de cada ser. Por isso, os espíritos sofredores e perversos se reúnem por afinidade em lugares específicos, zonas de sofrimento no mundo espiritual, que eles mesmos estruturam com suas energias psíquicas (as regiões umbralinas), assim como existem barreiras "energéticas" que protegem as colônias espirituais das energias inferiores.

Na parábola, depois de desencarnado e ao se encontrar em grande sofrimento, o rico se arrepende, mas isso não o livra das conseqüências daquilo que semeou, enquanto na Terra "*a semeadura é livre, mas a colheita é obrigatória*". Faz-se necessário, portanto, iniciar novo plantio!

Arrependido, o rico pede a Abraão para enviar Lázaro ou um dentre os mortos à sua casa paterna para dar testemunho de sua condição espiritual, a fim de que seus cinco irmãos mudem de comportamento e não venham a sofrer como ele depois do desencarne. Abraão afirma que eles têm a Moisés e aos profetas. Mas, após a insistência do rico infeliz, explica porque não enviaria ninguém do plano espiritual para orientá-los: "*Se não ouvem a Moisés e aos profetas, tampouco se deixarão persuadir, ainda que ressuscite alguém dentre os mortos.*"

Aquela família (aquele povo) não possuía, ainda, uma condição moral para ouvir os conselhos dos Espíritos, porque não obedeciam nem às leis de Moisés, nem aos profetas. Possuíam um coração duro, petrificado. Esse era o motivo de não poderem receber a graça de uma visita espiritual. Não estavam preparados. Não saberiam aproveitar as orientações. Não acreditariam num Espírito, num "morto". Tudo realmente tem o seu tempo.

Muitos de nós, hoje, somos capazes de refletir sobre as mensagens sublimes que nossos irmãos espirituais trazem a respeito da dor e da felicidade no mundo dos Espíritos. Hoje, menos *surdos e cegos*, já podemos usufruir deste iluminado intercâmbio.

2. Os Espíritos Superiores e os apóstolos

a) *"Ao cumprir-se o dia de Pentecostes, estavam todos reunidos no mesmo lugar; de repente, veio do céu um som, como de um vento impetuoso, e encheu toda a casa onde estavam assentados. E apareceram, distribuídas entre eles, línguas, como de fogo, e pousou uma sobre cada um deles. <u>Todos ficaram cheios do Espírito Santo e passaram a falar em outras línguas, segundo o Espírito lhes concedia que falassem</u>."* (Atos 2:1-4).

b) *"Estêvão, cheio de graça e poder, fazia prodígios e grandes sinais entre o povo. Levantaram-se, porém, alguns dos que eram da sinagoga chamada dos Li-*

bertos, dos cireneus, dos alexandrinos e dos da Cilícia e Ásia, e discutiam com Estêvão; e não podiam resistir à sabedoria e ao Espírito, pelo qual falava." (Atos 6:8-10).

c) *"Vendo, porém, Simão que, pelo fato de imporem os apóstolos as mãos, era concedido o Espírito [Santo], ofereceu-lhes dinheiro, propondo: Concedei-me também a mim este poder, para que aquele sobre quem eu impuser as mãos receba o Espírito Santo."* (Atos 8:18,19)

d) *"Eis que um etíope, eunuco, alto oficial de Candace, rainha dos etíopes, o qual era superintendente de todo o seu tesouro, que viera adorar em Jerusalém, estava de volta e, assentado no seu carro, vinha lendo o profeta Isaías. Então disse o Espírito a Felipe: Aproxima-te desse carro e acompanha-o."* (Atos 8:27-29).

e) *"Enquanto Pedro estava perplexo sobre qual seria o significado da visão, eis que os homens enviados da parte de Cornélio, tendo perguntado pela casa de Simão, pararam junto à porta; e chamando, indagavam se estava ali hospedado Simão, por sobrenome Pedro. Enquanto meditava Pedro acerca da visão, disse-lhe o Espírito: Estão aí dois homens que te procuram; levanta-te, pois, desce e vai com eles, nada duvidando; porque eu os enviei."* (Atos 10:17-20)

Os Espíritos Superiores sempre estiveram presentes ao lado dos primeiros apóstolos de Jesus, como prosseguem auxiliando os de hoje. Para compreendermos claramente essa verdade, é preciso saber o que realmente significam as expressões "Espírito Santo" ou "Santo Espírito", presentes nos texto bíblicos.

Segundo o já mencionado estudioso José Reis Chaves, em seu livro *A Face Oculta das Religiões,* todas as vezes em que a expressão *Espírito Santo aparece* no texto original grego do Novo Testamento, ela se encontra sem o artigo definido "O" (*ho* em grego). Considerando-se que em grego não existem os artigos indefinidos *um, uma, uns, umas*, a tradução correta para o Português deveria ser *"um Espírito Santo*" e *não "o Espírito Santo"*. Essa consideração é significativa para uma compreensão mais ampla do que seja, de fato, [o] Espírito Santo, que, em *Atos dos Apóstolos*, sempre se manifestava.

A manifestação do Espírito Santo (numa tradução mais correta: de um Espírito Santo) é a comunicação dos Espíritos Superiores, orientando os apóstolos nas mais diversas situações. Não se trata de um único Espírito, uma "terceira pessoa" da Santíssima Trindade. Essa é uma questão muito grave e, por isso, digna de estudo.

A teoria teológica da Santíssima Trindade não está presente em nenhum texto bíblico, da forma que foi apresentada no Concílio Ecumênico de Constantinopla I (ano de 381). Jesus nunca falou de Santíssima Trindade da maneira como os teólogos a formularam. Sabemos que existem o Pai (Deus único, Criador de todas as coisas), o Filho de Deus (Jesus Cristo). Já o Espírito Santo não representa uma terceira pessoa, um único ser (nem uma energia cósmica abstrata). Trata-se dos Espíritos do Senhor. Nos casos em análise, são os Espíritos Elevados, puros, anjos de luz, que um dia, ainda distante, "todos também seremos" como afirmou Jesus: *"Os filhos deste mundo casam-se e dão-se em casamento; mas os que são havidos por dignos de alcançar a era vindoura e a ressurreição dentre os mortos não casam, nem se dão em casamento. Pois não podem mais morrer, porque são iguais aos anjos e são filhos de Deus, sendo filhos da ressurreição."*(Lc 20:34-36).

Paulo de Tarso também falou em sua carta aos efésios, do versículo 11 ao 15, desse estágio espiritual a que todos chegaremos um dia: *"...até que todos cheguemos à unidade da fé e do pleno conhecimento do Filho de Deus, à perfeita varonilidade, à medida da estatura da plenitude de Cristo..."*. O que sabemos ser impossível, se vivêssemos uma única existência terrena.

Portanto, cada Espírito humano também é um Espírito [Santo] de Deus, em potencial, encarnado. A "centelha divina" que habita o templo ou santuário do nosso corpo. Por isso, também afirmou enfático o apóstolo dos gentios: *"Não sabeis que sois santuário de Deus e que o Espírito de Deus habita em vós?"*(1 Co 3:16).

Em Lucas, cap. 1:15, encontramos: *"Pois ele será grande diante do Senhor, não beberá vinho nem bebida forte, será cheio do* (de um, como já vimos) *Espírito Santo, já do ventre materno."* Trata-se do próprio espírito elevado que foi João Batista. Também lemos em Isaías 63:11: *"Então o povo se lembrou dos dias antigos, de Moisés, e disse: Onde está aquele que fez subir do mar o pastor do seu rebanho? Onde está o que pôs nele o seu Espírito Santo?"* O Espírito Santo é o próprio Espírito Superior, encarnado em Moisés. Jesus nos fala do pecado contra o Espírito Santo que não tem perdão. É o pecado contra a própria consciência: "o Deus interno que somos". Ele também disse: *"Vós sois deuses..."* Não ter perdão significa não poder ser corrigido pelas boas ações, e sim pela dor da expiação, conseqüência natural do erro cometido.

Com estas considerações fica claro o significado verdadeiro de "Espírito Santo". Todos os Espíritos foram feitos para a perfeição e santidade. A diferença é que uns já se encontram perfeitos e fora da carne (os anjos do Senhor); outros ainda estão na carne e precisam evoluir. Os perfeitos orientam e guiam os ainda imperfeitos. É a misericórdia do Pai presente em sua Criação: os maiores conduzindo os menores.

Em Pentecostes, *todos ficaram cheios do Espírito Santo e passaram a falar em outras línguas, segundo o Espírito lhes concedia que falassem.* A assembléia que presenciou tal fato era composta de homens vindos de todas as nações (confira na Bíblia). Cada um ouviu a mensagem do Espírito na sua língua materna. Temos aqui um caso incontestável de médiuns falantes, sendo instrumentos dos Espíritos, que falavam línguas diferentes, conseguindo pregar para um público formado por pessoas de diversas nacionalidades (notável fenômeno de xenoglossia).

Em todas as passagens acima, retiradas dos *Atos dos Apóstolos*, observamos as comunicações orientadoras de nossos irmãos mais evoluídos do Além. Filhos do mesmo Pai. Mensageiros de Jesus, o Espírito mais perfeito que Deus nos ofereceu por modelo e guia; o Senhor dos Espíritos!

13

Espiritismo:

o Consolador prometido por Jesus

Há quem diga que a Bíblia responde à todas as questões sobre a vida e a espiritualidade. Uma afirmativa equivocada e facilmente contestável se analisarmos as palavras do próprio Cristo: *"Tenho ainda muito que vos dizer, mas vós não o podeis suportar agora; quando vier, porém, o Espírito da verdade, ele vos guiará a toda a verdade; porque não falará por si mesmo, mas dirá tudo o que tiver ouvido e vos anunciará as cousas que hão de vir"* (Jo 16:12, 13).

Se nem mesmo Jesus, quando encarnado na Terra, pôde dizer todas as coisas, muito menos podem aqueles que o sucederam "imediatamente" na divulgação do Evangelho, ou seja, os que escreveram os demais livros do Novo Testamento.

Jesus realmente trouxe a grande revelação à Terra, a Boa Nova: o Evangelho. Mas não pôde esclarecer todas as coisas, porque o povo de sua época ainda se encontrava na infância espiritual, incapaz de compreender as questões mais complexas e delicadas da espiritualidade: *"Se tratando de cousas terrenas, não me credes, como crereis, se vos falar das celestiais?"* (Jo 3:12). Por esse motivo, Ele lhes falava por meio de parábolas, reservando, assim, as explicações mais detalhadas para o Espírito de verdade: *"Estas cousas vos tenho dito por meio de figuras; vem a hora em que não vos falarei por meio de comparações, mas vos falarei claramente a respeito do Pai".* (Jo 16:25).

O Espiritismo, em essência, não é uma doutrina elaborada por homens. Allan Kardec foi o dedicado estudioso que, na França do século XIX, teve a sublime tarefa de organizar as comunicações do mundo espiritual, dos espíritos do Senhor, sob a orientação do *Espírito de verdade*, a fim de relembrar a mensagem de Jesus no seu sentido mais puro, sem distorções humanas e esclarecer as consciências sobre as coisas que o Mestre preferiu deixar para o porvir: *"...o Consolador, o Espírito Santo, a quem o Pai enviará em meu nome, esse vos ensinará todas as cousas e vos fará lembrar de tudo o que vos tenho dito."* (Jo 14:26). Por isso, não é conveniente ao espírita rotular-se kardecista, pois a Doutrina Espírita não é proveniente de Kardec, e, sim, dos Espíritos Superiores, sob a égide de Jesus. Se Allan Kardec houvesse falhado, outro executaria a tarefa de codificá-la. Kardec é, sim, seu eminente Codificador.

O Espiritismo não veio ao mundo para dissolver as religiões. Pelo contrário, uma de suas funções é a de aniquilar o materialismo, que tantas vidas tem levado à desdita e ao desequilíbrio. É provar que a morte do corpo não mata o Espírito, fortalecendo assim todas as instituições que procuram religar o homem a Deus.

Cristo também afirmou que o *Consolador* o glorificaria: *"Ele me glorificará, porque há de receber do que é meu e vo-lo há de anunciar.*" (Jo 16:14) e é justamente isso que a Doutrina Espírita fez e faz, ao afirmar que *Jesus é o ser mais perfeito que Deus ofereceu ao homem, para lhe servir de guia e modelo*. O exemplo de perfeição moral a que deve buscar a humanidade terrena.

Afirma ainda o *Livro dos Espíritos* que *Deus no-lo oferece como o mais perfeito modelo e a doutrina que ele ensinou é a mais pura expressão de sua lei, porque ele estava animado do Espírito divino e foi o ser mais puro que já apareceu na Terra* (Q. 625). O Espiritismo, como nenhuma outra doutrina filosófico-religiosa, apresenta todas as características preditas a respeito de *o Consolador*, mencionado no Evangelho segundo João. O *Paráclito* da humanidade, isto quer dizer, o defensor, o protetor, o mentor.

Quantas vidas têm sido consoladas pelos livros sublimes trazidos à Terra pelos Espíritos? Quantos homens de conhecimento e sabedoria têm encontrado na Codificação Espírita as respostas para os seus mais profundos questionamentos existenciais? Quantos corações têm encontrado conforto nas comunicações de seus entes queridos, que já deixaram a roupagem física? Sem falar das inúmeras instituições de caridade, mantidas através do trabalho incansável de tantos espíritas, de tantos médiuns abnegados.

No Brasil, por exemplo, quantas consciências têm sido iluminadas pelo trabalho doutrinário de nobres medianeiros como Francisco Cândido Xavier, Divaldo Pereira Franco, Yvone Pereira, José Raul Teixeira, entre tantos outros, e dos Espíritos, é claro, seus principais responsáveis? Realmente, não há outra expressão que melhor defina o verdadeiro Espiritismo. Ele é mesmo *o Consolador*.

Afirmou Jesus, ainda sobre ele, *"E eu rogarei ao Pai, e ele vos dará outro Consolador, a fim de que esteja para sempre convosco, o Espírito de verdade, que o mundo não pode receber, porque não o vê, nem o conhece; vós o conheceis, porque ele habita convosco e estará em vós. Não vos deixarei órfãos, voltarei para vós outros."*(Jo 14:16-18). *"Mas eu vos digo a verdade: convém-vos que eu vá, porque, se eu não for, o Consolador não virá para vós outros; se, porém, eu for, eu vo-lo enviarei. Quando ele vier, convencerá o mundo do pecado, da justiça e do juízo: do pecado, porque não crêem em mim; da justiça, porque vou para o Pai, e não me vereis mais; do juízo, porque o príncipe deste mundo já está julgado."* (Jo 16:7-11).

O Cristo voltou à Terra através de seus emissários, os Espíritos Superiores, que o mundo antigo não pôde receber, nem o conheceu, porque não estava pronto para compreender aquilo que não podia ver. O fenômeno de *Pentecostes* foi uma manifestação genuína dos Espíritos do Senhor, mas ocorreu *cinqüenta dias após a morte de Jesus*, ou seja, diante do mesmo povo que, como o próprio Cristo havia dito, não estava preparado para suportar revelações superiores. Por isso, não se tratava, ainda, por excelência, da *Terceira Revelação* trazida à Terra pelo *Espírito de verdade* e demais *Espíritos Superiores*. Era, apenas, o prelúdio do que o Senhor reservava às consciências mais esclarecidas do porvir.

O advento do *Consolador* nos conduz a outra reflexão muito significativa: se Jesus deixou para enviá-lo num momento histórico em que a humanidade estivesse pronta para suportar as suas revelações, eis aí a prova de que as almas, em cada tempo, apresentam-se no planeta em estágios diferentes de evolução. Não estaria de acordo com a justiça de Deus, se as almas de hoje fossem criadas superiores às do passado.

Os Espíritos que vêm à Terra hoje são os mesmos que aqui viveram no tempo de Jesus, e que, naquele período, não estavam prontos para ouvir toda a mensagem do Mestre sem o véu das simbologias. Poucos a compreenderam, sendo apenas iniciados no caminho da redenção. Porém, agora mais evoluídos serão capazes de compreender melhor os princípios do Evangelho, sem metáforas e figuras, e a realidade dos Espíritos nos Planos Elevados ou nos Mundos Inferiores, de acordo com o nível moral e intelectual de cada um.

No século XIX, as Ciências e as Filosofias já ofereciam bases sólidas para uma consciência humana mais ampla a respeito da vida e, principalmente, de si mesma. Dado imprescindível para o advento do Espiritismo, por ser ele também uma Ciência e uma Filosofia com conseqüências morais. Aí sim, o *Consolador* pôde trazer seus elevados postulados para conduzir o homem ao encontro de si mesmo, até que o Reino de Deus se estabeleça por definitivo no coração da humanidade.

No livro *Plenitude*, Joanna de Ângelis apresenta a seguinte consideração a respeito do *Consolador*: *"O Espiritismo, em razão da sua complexa estrutura cultural, científica, moral e religiosa, é a doutrina capaz de equacionar o sofrimento, liberando as suas vítimas."* (p.132).

Para encerramento deste capítulo, ainda a respeito das manifestações espíritas, ofereço à reflexão do caro leitor a palavra convicta de Victor Hugo, um dos mais célebres escritores franceses de todos os tempos. Afirmou o autor: *"Evitar o fenômeno espírita, deixar de prestar-lhe a atenção a que ele tem direito, é faltar com o que se deve à verdade"*.

14

O mal: simbologia e realidade

Observa-se, em todas as doutrinas religiosas, variadas referências às forças negativas e inferiores presentes nos mundos material e espiritual. São elas as diversas manifestações do que denominamos "o mal".

Sob uma análise filosófica percuciente, o mal nada mais é do que a ausência do conhecimento do bem; a ignorância daquilo que sustenta e beneficia a existência. É o resultado, o fruto, do desconhecimento das Leis Superiores da Vida, das Leis Divinas. A partir daí, deve-se considerar o mal como algo transitório, que somente persistirá até a iluminação do ser que ainda o mantém com a sua própria inferioridade. Somente o bem é eterno, por ser a manifestação das forças maiores que regem o Universo. As trevas são sustentadas pela ignorância; pela condição infeliz da consciência, como esclarece a benfeitora Joanna de Ângelis, na obra *Amor, Imbatível Amor*: *"O mal, remanescente dos 'instintos agressivos', predomina enquanto a razão deles não se liberta, sob a dominação arbitrária do ego, que elabora interesses hedonistas, pessoais, impondo-se em detrimento de todas as demais pessoas e circunstâncias."* (p.62).

Portanto, o mal jamais alcançará a eternidade, porque está submetido aos princípios soberanos da vida, todos eles regidos pelo amor. A justiça e a misericórdia são manifestações deste amor, concretizadas através da *Lei de Causa e Efeito*, ou seja, toda ação produz uma reação.

Na mecânica é a terceira Lei de Newton que declara: *Toda força, impulsionada numa dada direção origina outra força, de igual intensidade mas de sentido contrário.* Na palavra convicta do apóstolo Paulo, eis sua realidade espiritual: *"Não vos enganeis: de Deus não se zomba; pois aquilo que o homem semear, isso também ceifará."* (Gl 6:7). Também alertou o Mestre: *"... a cada um segundo as suas obras."* (Mt 16:27). Portanto, ao semear a dor, a criatura colherá o sofrimento. Por meio deste mecanismo da Justiça Divina, depois da experiência dolorosa e da profunda reflexão por ela provocada, o ser, agente e paciente chegará à consciência mais ampla da vida e ao arrependimento, dando início a uma nova semeadura. Certamente mais feliz!

Mediante essas reflexões concordamos com total segurança que o mal sempre terá fim em si mesmo. Será naturalmente aniquilado no indivíduo pela própria dor que promove, ou seja, pela sua conseqüência. Não como punição de Deus, mas como um ato educativo da Divindade para com seus filhos ainda ignorantes e, por isso, rebeldes. Até que, finalmente, dará lugar à luz do entendimento, ao bem, que se desenvolverá eternidade afora.

Em todas as religiões primevas o mal se apresentou com diversas faces. Para compreensão do espírito primitivo ou como filho de sua própria imaginação criativa, tomou formas alegóricas, dando origem assim às concepções equivocadas, ainda hoje existentes em algumas correntes religiosas.

Neste capítulo, analisaremos à luz da Bíblia e da Doutrina Espírita as seguintes personagens ou simbologias: *Satã* ou *Satanás, Lúcifer, Diabo e Belzebu*. No capítulo seguinte, apresentaremos o significado original da palavra *demônio* e sua relação com a realidade espiritual.

1. Satanás [Do latim *satans*, 'o que arma ciladas, inimigo.] é uma figura lendária. Palavra que surge nas Escrituras, pela primeira vez, no *livro de Jó*, após o exílio babilônico, quando o povo hebreu retorna a Israel, depois da permissão de Ciro, rei dos persas, no ano 538 a.C. Devemos observar que no livro de Gênesis, escrito antes da influência persa, não aparece a palavra Satanás. Lá, o mal é personificado na figura de uma Serpente. Não havia ainda nenhuma idéia de Satanás, Satã, Lúcifer, Belzebu ou Diabo.

Na Pérsia, segundo o Professor Doutor Severino Celestino da Silva, em sua magnífica obra *Analisando as Traduções Bíblicas*, o povo hebreu entrou em contato com o Zoroastrismo – sistema religioso-filosófico estruturado por Zaratustra ou Zoroastro, que viveu entre os anos de 630 e 580 a.C. –, e apresenta o duelo entre o "Deus único", Senhor Sábio, Criador do universo (*Ahura Mazdãh*) e o princípio do mal (*Angra Mainyu ou Ahriman*), acompanhado por sua corte de demônios.

A religião dos persas apresenta muitas semelhanças com o monoteísmo atual. Na Índia, ainda encontramos uma pequena comunidade religiosa que segue os preceitos de Zoroastro. Seus membros acreditam que os três reis magos, que visitaram Belém, quando Jesus nasceu, eram sacerdotes do Zoroastrismo.

O Professor Severino Celestino da Silva nos apresenta, ainda, a análise de duas passagens bíblicas muito interessantes. Ei-las: *"A cólera de IAHVÉH se inflamou novamente contra Israel e excitou David contra eles, dizendo-lhe: Vai recensear Israel e Judá."* (II Sm 24:1) – ano 622 a.C., antes do contato com o Zoroastrismo. Agora, observe o mesmo acontecimento descrito no 1º Livro das Crônicas, do início do ano 300 a.C. após influência persa: *"...e levantou-se Satã contra Israel, e excitou David a fazer o recenseamento de Israel."* Quem, afinal, excitou Davi, Iahvéh (o Senhor) ou Satã? Particularmente, compreendemos que o orgulho de Davi o levou a realizar tal censo, tendo o próprio rei se arrependido depois. O importante para nossa análise é observarmos que a cólera de Deus passou a ser representada por Satã, que antes, na época de Samuel, não existia na concepção religiosa hebraica.

Satanás é a representação alegórica da inferioridade humana. O símbolo do orgulho, do ciúme, da inveja, da ambição, da vaidade, do sensualismo... de todos os filhos perversos do egoísmo.

2. Já a palavra Lúcifer [Do latim *lux, fero* = *Lúcifer*, 'o que leva o archote', 'a estrela da manhã'; do

grego *eosfóro*, 'portador da aurora'.], como substantivo próprio, que dá "nome" a um ser, não existe na Bíblia hebraica ou grega. Ela foi cunhada por São Jerônimo, ao traduzir as Escrituras do grego para o Latim (A Vulgata), no século III da nossa era.

Atente para a tradução do texto grego (Is 14:12), apresentada pelo Professor Severino Celestino da Silva: *"Como caíste dos céus, estrela filha da manhã* (tal expressão foi traduzida como Lúcifer, na Vulgata*). Foste atirada na terra como vencedora das nações."*

Para maior espanto de quem procura realmente estudar o texto bíblico, ante os equívocos teológicos, o texto acima, do profeta Isaías, se refere à queda do rei da Babilônia, Nabucodonosor, que mantinha os judeus em cativeiro. (confira na Bíblia: Isaías, cap.14) e não à queda de Lúcifer, chefe dos anjos caídos, que são, para muitos, os demônios: tema do próximo capítulo.

3. O vocábulo Diabo [Do latim *diábolos* = opositor.] aparece por exemplo em Mateus, cap. 4, quando Jesus vai ao deserto e é tentado, depois de jejuar durante quarenta dias e quarenta noites. O Mestre ali apresenta a vitória de sua elevação espiritual sobre as fraquezas humanas. Suporta a fome, renuncia ao poder temporal (a glória do mundo) e exemplifica uma conduta prudente e respeitosa em relação as leis naturais e divinas, ao não se atirar do pináculo do templo. Em suma, Jesus presta culto ao Pai em Espírito, superando as inferioridades deste mundo. O Diabo, no texto em estudo, não é um ser do

mal, uma criatura individualizada, mas a representação das fraquezas humanas.

No Evangelho segundo João, capítulo 8, há um diálogo magnífico que esclarece o significado real da palavra diabo. Analise, caro leitor, algumas passagens deste capítulo, e se possível não deixe de estudar todo o capítulo em sua Bíblia. Jesus fala aos judeus:

a) "Vós sois cá de baixo, eu sou lá de cima; vós sois deste mundo, eu deste mundo não sou." Disseram os judeus: *"Nós não somos bastardos; temos um pai, que é Deus. Replicou-lhes Jesus: Se Deus fosse, de fato, vosso pai, certamente, me havíeis de amar; porque eu vim de Deus (...) Qual a razão porque não compreendeis a minha linguagem? É porque sois incapazes de ouvir a minha palavra. Vós sois do diabo, que é vosso pai, e quereis satisfazer-lhe os desejos."*

b) "Ele foi homicida desde o princípio e jamais se firmou na verdade, porque nele não há verdade. Quando ele profere mentira, fala do que lhe é próprio, porque é mentiroso e pai da mentira.(...) Quem é de Deus ouve as palavras de Deus; por isso, não me dais ouvidos, porque não sois de Deus.(...) vós não o tendes conhecido; eu, porém, o conheço. Se eu disser que não o conheço, serei como vós: mentiroso; mas eu o conheço e guardo a sua palavra".

Analisemos, então:.

a) Primeiro Jesus se coloca acima do mundo terreno, livre das imperfeições humanas, por isso sua linguagem espiritual não é entendida por aqueles que ainda estão submissos à carne, às paixões inferiores *(os filhos do diabo, representado mitologicamente por um ser que possui chifres, rabo e garras: características de animais, que obedecem ao instinto primário e não à razão superior).*

b) Depois o Diabo é apresentado como homicida "desde o princípio", ou seja, não se trata aqui da lenda ou equívoco criado a respeito de Lúcifer que, "no início", era um anjo de luz e depois se rebelou contra Deus, sendo expulso do Céu, juntamente com outros anjos rebeldes. Já vimos que o *Antigo Testamento* não apresenta tal história, e sim a da queda de Nabucodonosor da Babilônia. O Diabo nesse texto simboliza a humanidade que, antes de chegar ao reino hominal passou pelo reino animal, onde predomina o instinto, vindo a formar posteriormente o ego. Aí sim, mais uma vez afirmamos a origem do nosso grande mal: o egoísmo.

4. Belzebu [Do hebraico *Ba'al zebuh*, 'deus das moscas'.] era o Deus do lixo. Nos tempos antigos, em que ainda não havia um mecanismo eficaz para resolver o problema do lixo produzido pelas populações, montões de detritos e restos se acumulavam em pontos das cidades (como ainda acontece hoje em muitos municípios do Brasil), tornando-se um verdadeiro mal para aquelas populações, dando origem assim a Belzebu, mais uma representação alegórica do mal. Lembremo-nos de que Jesus foi acusado pela ignorância do povo da época de expelir os demônios pelo poder de Belzebu. É mesmo incrível. O rei das moscas, um "símbolo" do mal causado pelo lixo, passou a ter na consciência do povo sem conhecimento a au-

toridade de tirar demônios. Jesus sabendo que, para eles, Belzebu era a mesma coisa que Satanás, redargüiu: *"Se Satanás expele a Satanás, dividido está contra si mesmo; como, pois, subsistirá o seu reino? E, se eu expulso demônios por Belzebu, por quem os expulsam vossos filhos?..."* (Mt 12:26,27).

Também é interessante darmo-nos conta de que, na época do Cristianismo nascente, existia em Jerusalém um vale (*Vale de Hinom*), onde era queimado o lixo da cidade. Tal vale vivia sempre fumegante, originando-se aí a palavra *Geena* (fogo), que passou a simbolizar no pensamento religioso da época o *lugar de grandes suplícios pelo fogo e pelos vermes*. Uma nova alegoria para simbolizar o sofrimento das almas; um sinônimo de Inferno.

Como se observa, na concepção mítico-religiosa, sempre havia uma figura, um símbolo, para representar alguma realidade "espiritual". O que não denotava a existência real de um ser individualizado, de uma criatura – como acabaram formulando a respeito de Satanás, Satã, Lúcifer, Belzebu –, ou de um espaço geográfico, próprio para o sofrimento das criaturas malfazejas: o Inferno, o Purgatório, o Tártaro, a Geena etc.

Antes de analisarmos o significado do vocábulo *demônios* não poderíamos deixar de anotar que o próprio inferno (e também a morte), segundo a própria Bíblia – ao contrário do que afirmam muitos religiosos e suas teologias –, terá fim: *"Então, a morte e o inferno foram lançados para dentro do lago de fogo. Esta é a segunda morte, o lago de fogo."* (Ap 20:14), ou seja, a total aniquilação de nossas imperfeições. Do nosso "estado inferior", eis o real significado de inferno.

Chegaremos, então, ao fim de nossas imperfeições. Conseqüentemente, não haverá mais sofrimento. A Reencarnação também não será mais uma necessidade. Será, portanto o fim da morte, da desencarnação; e o versículo seguinte prossegue: *"E, se alguém não foi achado inscrito no livro da vida, esse foi lançado para dentro do lago de fogo."* A partícula "se", nesse versículo, apresenta o desejo de Deus de salvar todas as criaturas como está escrito em Ezequiel 33:11: *"Eu juro por mim mesmo, disse o Senhor Deus, que não quero a morte do ímpio, mas que quero que o ímpio se converta, que deixe o mau caminho, e que viva."*

Certa feita Jesus afirmou que, se pedirmos pão, nosso Pai celeste não nos dará pedra, porque nem os pais da Terra, que são maus, isso o fazem. Acredito, também, que nenhum pai da Terra, emocionalmente equilibrado, colocaria o pior de seus filhos em um lugar que o sofrimento fosse para todo o sempre, muito menos Deus, que pauta sua justiça no amor e na misericórdia.

Outro conceito que devemos rever em relação ao texto bíblico é o de "eternidade", pois encontramos, por exemplo, em Daniel 2:20: *"Seja bendito o nome de Deus, de eternidade a eternidade, porque dele é a sabedoria e o poder."* Ora, se existem eternidades, por mais longas que sejam, cada uma delas terá fim, e em todas elas o nome de Deus deverá ser bendito. Poderíamos dizer que "de eternidade a eternidade" foi uma força de expressão usada por Daniel. Mas já não poderemos aceitar que o fogo do Inferno é realmente eterno, porque o próprio Inferno terá seu fim.

Uma reflexão nos parece significativa neste momento: Satanás e seus demais sinônimos terminarão no "lago de fogo", no aniquilamento, onde também será lançada a Morte. Qualquer criança sabe que a morte não é um ser personalizado, um indivíduo. Um dia, com certeza, toda a humanidade chegará à mesma conclusão a respeito dos satanases, que existem, mas não são seres, nem personalidades. Será também o fim destes tantos mitos em nossa consciência mais esclarecida e, esperamos, num futuro bem próximo.

15

Irmãos infelizes

Preferimos reservar um capítulo, ainda que breve, para analisar o termo demônio [Do grego *daimónion*, pelo latim *daemoniu.*], por se tratar, agora sim, de indivíduos, seres incorpóreos, que povoam os Planos da vida.

Na Antigüidade, demônio era um gênio, um espírito humano ou alma, bom ou mal, que inspirava os indivíduos. O próprio Sócrates recebia constantemente orientações de seu *daimon*, seu anjo guardião, seu mentor ou guia espiritual.

Posteriormente, a palavra demônio passou a denominar somente os seres perversos, formando o dualismo: demônios (seres maus) e anjos (seres bons). Realmente, os demônios existem! Mas não se tratam dos anjos caídos, seguidores de Lúcifer, nem de seres criados para praticarem o mal. Demônios são, na verdade, espíritos desencarnados, atrasados e inferiores, que não conseguem ainda agir segundo as diretrizes evangélicas, ou seja, muitos de nós encarnados, escravos do ego, dos vícios e das mais funestas paixões quando desencarnados comporemos as fileiras daqueles que hoje chamamos vulgarmente de demônios.

Estes espíritos humanos são irmãos infelizes, porque perseguem aqueles que de alguma forma os prejudicaram nesta ou em vivências passadas para realizarem suas vinganças. Muitos ainda não conseguem ouvir a voz do amor de Deus, que um dia romperá a surdez do ódio, que é filho da ignorância, reconduzindo-os ao equilíbrio da própria consciência; e a dor terá sempre seu papel, enquanto não deixarem o amor cobrir a multidão de seus próprios pecados.

Jesus expelia das criaturas esses espíritos impuros e perversos, que, com o esclarecimento da Doutrina Espírita, passamos a chamar de obsessores. É claro que eles – assim como todos os seres humanos encarnados que agem segundo o próprio egoísmo –, são seguidores de Satanás, de Belzebu, do Diabo, que não são, estes últimos, indivíduos, mas, como já vimos, representações de nossas deficiências morais, de nossa inferioridade, de nossa ignorância do bem. Todo obsessor é um servo da ignorância, a origem de todo o mal.

Para que não nos sujeitemos a esses irmãos infelizes, devemos, primeiramente, "orar e vigiar", mas também agir com amor e misericórdia, porque eles também são criaturas de Deus, como nós; e assim deixaremos de ser iguais a eles que ainda não aprenderam a amar.

Uma reflexão! Qual de nós, atualmente encarnados, não seremos ou fomos um dia iguais a esses irmãos: seres incorpóreos procurando realizar uma vingança?

Jesus sempre os expelia com energia, porque sua autoridade provinha de sua elevada condição moral e de seu profundo amor para com todas as criaturas sofredoras, e é bom notarmos que o Mestre nunca os mandou para um "Inferno eterno", pois conhecia e conhece o poder transformador do amor. Apenas os retirava de suas vítimas, sabendo que já sofriam no inferno do ódio, que eles mesmos alimentavam no coração. Antes, achou necessário, após sua morte física, ir pregar aos espíritos em prisão. (1 Pe 3:19).

Duas passagens do *Novo Testamento* são associadas à lenda da queda de Lúcifer e seus anjos, uma invenção teológica, que não encontra alicerce no *Antigo Testamento*, como já estudamos. Vamos a elas: *"Ora, se Deus não poupou anjos quando pecaram, antes, precipitando-os no inferno* (no original: tártaro) *os entregou a abismos de trevas, reservando-os para juízo."* (2 Pe 2:4); *"... e a anjos, os que não guardaram o seu estado original, mas abandonaram o seu próprio domicílio, ele tem guardado sob trevas, em algemas eternas, para o juízo do grande Dia."* (Jd 6).

Convidamos o leitor a quatro reflexões sobre as passagens supracitadas:

a) Se os anjos são seres espirituais e estão aprisionados para juízo, não podem ser eles os demônios que Jesus expulsava, e que ainda hoje atormentam os homens, obsidiando-os.

b) Se ainda aguardam o juízo, ainda podem ser absolvidos.

c) “Algemas eternas” pode ser uma expressão indicadora de longo período e não de “para sempre”, como já verificamos com a palavra “eternidade”.

d) Hoje, finalmente sabemos, por meio da Doutrina Espírita, que diversos espíritos, muito evoluídos intelectualmente, de mundos elevados, são conduzidos a planetas inferiores e primitivos para, por meio da expiação, também evoluírem moralmente. Não seriam estes os “anjos” que se encontram nas algemas da carne, nos abismos das dores terrenas, sofrendo duras provas para se restabeleceram perante Deus e a própria consciência?

No inferno ou tártaro eles já se encontram, como afirma Pedro. Estarão aguardando julgamento para lá permanecerem? Mas o próprio Inferno terá fim, isso nós já dissemos, e toda dívida só existe até ser quitada. Aqueles que não tiverem condição de se redimirem por meio do Evangelho, por orgulho em demasia, o farão através da dor expiatória. Não por castigo de Deus, mas por sua misericórdia imensurável, que a todos oportuniza a redenção.

16

Virtudes: poderosas forças morais e energéticas

Tudo que se movimenta no Universo tem como base a força energética. Da estrutura atômica às galáxias. Todo movimento implica energia. Daí as suas variadas formas no campo da Física: calorífica, cinética, elétrica, eletromagnética, mecânica, potencial, química, radiante. Entretanto, interessa-nos refletir em especial, neste capítulo, a respeito da energia derivada do equilíbrio espiritual do ser: a energia ou força moral.

Todas as virtudes humanas nada mais são do que forças morais, que atuam não só no reino do espírito como também podem penetrar e alterar o universo físico, material.

Quando o Espírito se harmoniza com as Leis Superiores da Vida, todo o seu organismo físico e perispiritual reflete e manifesta essa harmonia. Por isso, compreendemos que toda "cura" física real e duradoura deve fundamentar-se no equilíbrio moral e espiritual do ser.

As ciências da psique, há muito, já atuam segundo o princípio da harmonização psicológica. O ser psicologicamente saudável terá naturalmente saúde orgânica.

Sem sombra de dúvida, o Evangelho do Cristo se apresenta à humanidade como o roteiro psicoterapêutico jamais conhecido em toda a história, capaz de equacionar os mais profundos enigmas da existência. As orientações evangélicas ali presentes almejam, em primeiro lugar, a harmonia do espírito imortal, conduzindo conseqüentemente a criatura ao bem estar físico e social: *"...buscai primeiro o Reino de Deus e sua justiça, e todas as demais coisas vos serão dadas."* (Mt 6:33).

A cada um compete buscar a concretização desse reino de justiça e amor em seu íntimo, para colher os frutos dulcificantes da paz. Por isso, a necessidade urgente da tão mencionada "reforma moral": o despojamento das paixões inferiores e a elevação do pensamento e do sentimento.

Neste complexo contexto da moralidade humana, a sexualidade desempenha um significativo papel, por estar intimamente vinculada às forças vitais da criatura.

Sabemos, por exemplo, que durante o ato sexual, além dos aspectos fisiológicos, estão envolvidas as energias psíquicas – pois é no pensamento que se encontra a gênese de toda atividade, inclusive a sexual –, interligando, assim, o **centro coronário** (situado no alto da cabeça, responsável pelas energias que sustentam o sistema nervoso, as células do pensamento e todos os recursos eletromagnéticos indispensáveis ao equilíbrio orgânico) ao **centro genésico** (situado no baixo ventre, dá origem a densos campos de fluidos que, quando bem utilizados podem estimular a criatividade científica, artística e religiosa), mobilizando também as energias nos demais **centros vitais**, numa influenciação recíproca. Portanto, se a criatura humana não se trabalhar moralmente, a fim de equilibrar a sua própria sexualidade, naturalmente estará promovendo graves transtornos de ordem psicossomática, sem mencionar os de cunho obsessivo.

O nobre espírito Manoel Philomeno de Miranda, no seu livro *Sexo e Obsessão*, pela psicografia de Divaldo Pereira Franco, orienta que *"A correta aplicação das forças genésicas propicia ao Espírito alegria de viver e entusiasmo no desempenho das tarefas que lhe dizem respeito, constituindo-se emulação para o progresso e a felicidade."* (p.10). Como podemos perceber, não se trata, aqui, de uma advertência castradora diante das funções sexuais, mas de uma profunda orientação a respeito da libido, como energia mantenedora da vida, destinada às emoções superiores na estruturação das existências terrenas.

Moralizar-se, portanto, é fazer devido uso das forças naturais que alimentam e conduzem todas as criaturas na senda evolutiva.

Cada virtude adquirida significa o nascimento de uma importante fonte energética que trabalhará na manutenção do bem-estar humano, rumo à plenificação.

17

O Caminho da Paz

"Eu vos dou a minha paz." – disse Jesus.

A paz de Jesus é resultado do seu elevado posto na hierarquia da evolução, pois é Ele o nosso modelo máximo de perfeição moral. As dores humanas são provenientes de nossas falhas, dos erros que cometemos para com o próximo, para com a nossa própria consciência e a Divindade. São essas dores que nos tiram toda a paz.

Ao dizer, o Mestre, que nos dá a sua paz, oferece-a àquele que se dispuser a seguir o Caminho da Verdade e da Vida que Ele mesmo personifica ou representa, ou seja, para se alcançar a paz de Jesus é preciso exercer, praticar para consigo e para com o próximo o seu Evangelho de Amor. Receber essa paz requer esforço pessoal, como já afirmamos neste trabalho. Requer disciplina e perseverança no caminho do bem.

No transcorrer de milênios, o homem alcançou considerável evolução tecnológica e cultural, o que é louvável, embora o conforto não possa ser concebido como sinônimo de paz.

Em face das mais admiráveis conquistas da Ciência, o espírito humano ainda permanece em sérios conflitos e aflições íntimas. No caminho que conduz à paz, não basta ao homem o desenvolvimento de sua intelectualidade, mas faz-se imprescindível sua elevação moral, a aquisição de novos e melhores paradigmas mentais e, conseqüentemente, comportamentais, sendo o pensamento o princípio de toda ação.

Em Carta aos Coríntios, o apóstolo Paulo enfatiza: *"Ainda que eu tenha o dom de profetizar e conheça todos os mistérios e toda a ciência; ainda que eu tenha tamanha fé, a ponto de transportar montes, se não tiver amor, nada serei."*. O amor, aqui, nos é apresentado como valor primeiro na ascese humana. Sem ele, todo o restante torna-se inútil e diríamos ainda mais, torna-se mesmo perigoso.

Quantas mentes prodigiosas se dedicaram, ao longo da história, ao desenvolvimento armamentista das nações, contribuindo para os mais horrendos espetáculos de morte sobre a face do planeta? Acaso é a bomba atômica uma criação de homens sem instrução? Eis aí uma prova cabal de que não basta o conhecimento. Faz-se urgente a consciência moral, a faculdade de amar. Contudo, não podemos frear a marcha da evolução e sabemos que mais difícil é aperfeiçoar o coração que as habilidades cognitivas. É mais fácil também voltar o nosso olhar para o mundo externo, que perscrutar o íntimo de nossa alma.

Enquanto não adquirirmos padrões de pensamento superiores, em consonância com o Evangelho de Jesus, não seremos capazes de praticar o bem, como se faz urgente e estaremos ainda colhendo os frutos amargos de plantios pretéritos infelizes.

Ainda recorrendo às elevadas considerações da benfeitora espiritual Joanna de Ângelis, responsável por magnífico trabalho de iluminação das consciências humanas, através da psicografia de Divaldo Pereira Franco, compreendemos que *"Nunca se deve pensar que a paz é ausência de atividade ou de desafios. Trata-se de uma atitude interior ante os acontecimentos, uma forma de ver como transcorrem e nunca uma situação parasitária ou inútil. (...) É um processo pessoal de autodeterminação, de auto-esforço, de auto-abnegação, possível de ser conseguido desde que hajam sido investidos empenho, decisão e perseverança."* (do livro *O despertar do espírito*, pp.206-207).

Muitas vezes somos abatidos pelo desânimo, porque não contemplamos ainda o resultado de nosso esforço no caminho da paz. Esquecemo-nos de que durante muito tempo, nesta e em outras encarnações, estivemos semeando discórdias e erros, e, agora, não nos podemos escusar de realizar a dolorosa colheita. Mas, perseverando no bem, inevitavelmente, mais cedo ou mais tarde, seremos contemplados pelos benefícios da paz duradoura.

Sem a *paciência*, que pode ser simbolicamente entendida como *a Ciência da Paz*, dificilmente alcançaremos os resultados desejados. Devemos ser realmente sábios agricultores ao cultivarmos a planta da eternidade nas terras do coração. *A paciência*, nos orienta O Evangelho Segundo o Espiritismo, *é também uma caridade*. Quando aprendermos a esperar pacientemente pelo "melhor" – resultado de ações mais equilibradas e justas –, estaremos dando significativo passo no caminho da paz interior.

Não se pode pois esperar algo positivo se não houver trabalho sério e consciencioso. *"Ajuda-te, e o céu te ajuda-*

rá." O *trabalho* consiste no mais valioso instrumento para o desenvolvimento da inteligência e de todos os talentos humanos. Sem ele, estaríamos fadados ao eterno primitivismo intelectual e moral. Ele se apresenta não só como oportunidade de aprimoramento pessoal, mas também como meio efetivo de retificarmos erros de nosso passado menos feliz.

Ter sempre uma meta na condução da nossa existência, consiste não só em equilibrar nossas energias, como também em conquistar considerável serenidade em nosso universo pensante, através de uma fé sólida e racional, pois sabemos que a principal causa da ansiedade que nos desestrutura a intimidade é a falta de previsibilidade diante dos acontecimentos da vida.

Se estabelecermos uma determinada direção, um programa de vida, já estaremos contribuindo para um caminhar mais tranqüilo e, portanto, com menos ansiedade e desconforto psíquico.

Outro significativo instrumento que nos conduzirá ao encontro da paz, é o do *autoconhecimento*, enfatizado por Santo Agostinho na questão 919 do *Livro dos Espíritos*. Autoconhecer-se, como já consideramos, é fundamento básico para a aquisição de uma consciência mais nítida perante nossas ações.

A valorização e o exercício do autoconhecimento consiste em eficaz prevenção contra os males que advêm de nossas próprias atitudes. Há quem diga, e com certa razão, que conhecer a si mesmo é tão valioso quanto conhecer os princípios evangélicos, pois conhecer a si mesmo é alicerce indispensável na realização do amor e do perdão. Ao se conhecer o homem identificará as Leis de Deus latentes em sua própria consciência. Ao compreendermos melhor as nossas falhas morais, geradoras de nossos conflitos e angústias, seremos mais compreensivos e propensos ao perdão, já que todos somos ainda imperfeitos e, portanto, carentes da compreensão alheia. Sem o autoconhecimento seremos incapazes de iniciar a reforma íntima necessária para a conquista da harmonia e da felicidade.

Em tempos de tanta violência e desarmonia torna-se a paz o tesouro ainda mais procurado por todas as pessoas de todos os credos e raças. Neste caminho de dores, a esperança ainda ilumina o coração do mundo e faz brotar as mais perfumadas flores mesmo nos pântanos mais tenebrosos da Terra, onde a luz do amor ainda não conseguiu sobrepor as loucuras das guerras e das ambições humanas, todas filhas das paixões inferiores do homem, resultado ainda de sua ignorância espiritual. Como bem asseverou certa vez Pe. Antônio Vieira, *"Não há desconhecimento que não traga consigo a fraqueza."*.

Mas todo mal terá seu fim, Jesus mesmo assegurou: *"Toda planta que meu Pai celestial não plantou será arrancada."* (Mt 15.13). Quando? Quando o egoísmo não mais encontrar espaço em nosso coração.

"Não vem o reino de Deus com visível aparência. Porque o reino de Deus está dentro de vós." (Lc 17:20,21). A mudança, caro leitor, é realmente uma questão de foro íntimo. O mundo novo, a que todos desejamos, é construção que se inicia por dentro da alma e que terminará refletindo nas coisas de fora, porque, como escreveu Saint-

Exupéry, autor de *O Pequeno Príncipe*, "*O essencial é invisível aos olhos...*".

Não nos olvidemos, portanto, dos compromissos assumidos ontem. Procuremos amar a nós mesmos para melhor amarmos ao próximo, porque, ao amá-lo, estaremos amando ao Nosso Pai que está em toda parte.

Considerações finais

Findamos este trabalho com a certeza de ainda haver muito o que se pesquisar e refletir sobre as questões da espiritualidade e do pensamento humano. Mas também com a convicção de que apresentamos análises equilibradas e coerentes sobre os diversos temas aqui expostos.

Nosso trabalho é uma pesquisa de cunho filosófico-espiritual que procura defender a importância do pensamento analítico na conquista de novos patamares de consciência, considerando o Evangelho de Jesus, à luz da Doutrina Espírita, o caminho mais seguro rumo à iluminação interior, à plenificação.

Cada análise apresentada neste livro fundamenta-se no princípio de que somos todos capazes de haurir nas Fontes Superiores da vida, quando bem-intencionados, o entendimento necessário ao nosso próprio desenvolvimento intelecto-moral.

Desejamos, ainda, reverenciar as *Sagradas Escrituras*, que ofereceram imprescindível base para as nossas reflexões espirituais, conscientes de que o Verdadeiro Espiritismo jamais desconsiderará a "essência" das Revelações Bíblicas, que está acima das interferências e manipulações humanas, por ser, ele mesmo, na sua condição de *Consolador*, a concretização de uma profecia neotestamentária.

Que este modesto produto da razão do espírito, caro leitor, possa contribuir de alguma forma para o seu autodescobrimento e, também, para uma melhor compreensão de alguns elementos que compõem os interessantes mecanismos da espiritualidade humana.

A paz de Jesus prossiga conosco pelos séculos dos séculos, inspirando-nos o trabalho constante da Seara do Bem.

Um abraço fraterno,

Rossano Sobrinho Ferreira.

Vocabulário crítico

ANTROPOMÓRFICO – Que tem formas humanas.

CENTROS VITAIS – Terminais ou poros do perispírito, através dos quais o corpo recebe os fluidos do mundo espiritual. Também são captadores e transformadores de energias fluídicas em orgânicas. Principais centros de força: coronário, frontal, laríngeo, cardíaco, gástrico, esplênico e genésico.

CIDADE-ESTADO – Na Antigüidade clássica, onde a soberania era exercida livremente pelos cidadãos de uma cidade independente.

DOGMA – Sistema ou doutrina que impõe a seus seguidores princípios que não podem ser contestados.

ERRATICIDADE – Estado dos espíritos errantes, desencarnados, durante os intervalos de suas existências corporais.

ESPIRITUALIZAÇÃO – Distanciamento das sensações provindas do instinto e elevação da consciência moral.

EXEGESE – Interpretação minuciosa do sentido de um texto; entendimento de seu conteúdo moral.

FLUÍDO – Tudo quanto importa à matéria, da mais grosseira à mais sutil, variando em condição ilimitada a fim de atender a todas as necessidades vitais do ser.

INDIVIDUAÇÃO – Plenificação; realização da idéia geral em cada indivíduo. Estado de plena consciência e felicidade.

INQUISIÇÃO – Tribunal da Igreja Católica instituído pelo papa Gregório IX, para perseguir, julgar e punir todos os acusados de heresia – doutrinas ou práticas contrárias às defendidas pela Igreja.

INTELECTO – Entendimento que distingue o homem dos animais.

LOGOSOFIA – Doutrina ético-filosófica fundada pelo pensador argentino Carlos Bernardo González Pecotche (1901-1963) e que tem por objetivo ensinar ao homem como alcançar a autotransformação mediante um processo de evolução consciente.

MACROCOSMO – O Universo como um todo em oposição ao homem (microcosmo).

MAGNÂNIMO – Generoso.

MEDIANEIRO – Médium.

MÉDIUM – Pessoa que serve de intermediária entre os espíritos e os homens.

MEDIUNIDADE – O mediunismo educado a serviço do bem.

MEDIUNISMO – A faculdade natural do médium.

MICROCOSMO – Pequeno Universo (o homem).

NEOTESTAMENTÁRIO – Referente ao Novo Testamento.

NIILISMO – Doutrina segundo a qual não há verdade moral e nada existe de absoluto.

ORÁCULO – Palavra ou sentença inspirada.

PARÁCLITO – Protetor; o Consolador enviado por Jesus; o Espiritismo; o Espírito (Santo).

PARADOXO – Contrário à razão, à lógica.

PERCUCIENTE – Profundo.

PERISPÍRITO – Corpo fluídico (sutil) do espírito, corpo espiritual. Nos encarnados, serve de ligação entre o espírito e a matéria.

PÓLIS – Cidade.

PROFETISMO – Nome dado à mediunidade no tempo das igrejas apostólicas.

RAZÃO – Sinônimo de fundamento ou de explicação de por que algo é como é, e não de outra forma.

O Autor

Rossano Sobrinho Ferreira nasceu no dia 4 de junho de 1975, na cidade de Espera Feliz, MG. Filho de Antônio Rodrigues Ferreira e Avelina Sobrinho Ferreira. Casado com a professora e contista Cyntia Mendes Viana Ferreira. Graduado em Letras pela Universidade Estadual de Minas Gerais, Campus Carangola. Pós-graduando em Psicopedagogia por essa mesma instituição. Além de professor, é músico, pesquisador e expositor espírita.

Referências bibliográficas

ALEIXO, Sérgio Fernandes. *Com Quem Falaram os Profetas?* Niterói: Lachâtre, 2000.

ALMANAQUE ABRIL, São Paulo: Abril, 1998.

ALMEIDA, José de Souza e. *As Parábolas de Jesus nos Dias de Hoje*. São Paulo: DPL, 2001.

ALVES, Rubem. *O que é Religião*. São Paulo: Brasiliense, 1991.

ARRUDA, José Jobson de A. & PILETT, Nelson, *Toda a História*. São Paulo: Ática, 1995.

BÍBLIA SAGRADA (A), Tradução de João Ferreira de Almeida, São Paulo: Sociedade Bíblica do Brasil, 1993.

CHAVES, José Reis. *A Reencarnação Segundo a Bíblia e a Ciência*. São Paulo: Martin Claret, 1998.

________ *A Face Oculta das Religiões*. São Paulo: Martin Claret, 2000.

COMPRI, Maria T. *Evangelho no Lar à Luz do Espiritismo*. São Paulo: FEESP, 1994.

D'ALBUQUERQUE, A. Tenório. *100 Benfeitores da Humanidade*. Belo Horizonte: Grande Loja de Minas Gerais, 1969.

DELANNE, Gabriel. *O Fenômeno Espírita*. Rio de Janeiro: FEB, 1937.

ENCICLOPÉDIA MIRADOR INTERNACIONAL. São Paulo – Rio de Janeiro: Encyclopaedia Britannica do Brasil Publicações Ltda, 1992.

FILHO, Amilcar Del Chiaro. *Tirando Dúvidas: respostas para as questões do cotidiano à luz do Espiritismo*. São Paulo: Mundo Maior, 2001.

FRANCO, Divaldo Pereira. *Entrevistas e Lições*. Goiânia: Paulo de Tarso, 1999.

________ *Autodescobrimento*: uma busca interior. Pelo Espírito Joanna de Ângelis. 7. ed. Salvador: LEAL, 2000.

________ *Jesus e atualidade*. Pelo Espírito Joanna de Ângelis. 4.ed. São Paulo: Pensamento, 2000.

________ *O homem integral*. Pelo Espírito Joanna de Ângelis. 11.ed. Salvador: LEAL, 2000.

________ *Plenitude*. Pelo Espírito Joanna de Ângelis. 9.ed. Salvador: LEAL, 2000.

________ *O ser consciente*. Pelo Espírito Joanna de Ângelis. 8.ed. Salvador: LEAL, 2000.

________ *Autodescobrimento: uma busca interior*. Pelo Espírito Joanna de Ângelis. 7.ed. Salvador: LEAL, 2000.

________ *Vida: desafios e soluções*. Pelo Espírito Joanna de Ângelis. 5.ed. Salvador: LEAL, 2000.

________ *Amor, imbatível amor*. Pelo Espírito Joanna de Ângelis, 6.ed. Salvador: LEAL, 2000.

_________ *O despertar do espírito*. Pelo Espírito Joanna de Ângelis. Salvador: LEAL, 2000.

_________ *Elucidações Psicológicas à Luz do Espiritismo*. Pelo Espírito Joanna de Ângelis. Organização: Geraldo Campetti Sobrinho e Paulo Ricardo A. Pedrosa. Salvador: LEAL, 2002.

FRANCO, Divaldo P. *Sexo e Obsessão*. Pelo Espírito Manoel P. de Miranda. Salvador: LEAL, 2002.

MELO, Jacob. *Cure-se e Cure pelos Passes: conhecendo e utilizando proveitosamente nossos potenciais curativos*. 5.ed. Natal: Vida & Saber, 2001.

NETO, Francisco do Espírito Santo. *A Imensidão dos Sentidos*. Pelo Espírito HAMMED. Catanduva: Boa Nova, 2000.

KARDEC, Allan. *A Gênese*. Rio de Janeiro: FEB, 1995.

_________ *O Céu e o Inferno*. Araras: IDE, 1991.

_________ *O Evangelho Segundo o Espiritismo*. Araras: IDE, 1996.

_________ *O Livro dos Espíritos*. FEESP, São Paulo: FEESP, 1995.

_________ *O Livro dos Médiuns*. Araras: IDE, 1999.

_________ *O que é o Espiritismo*. Rio de Janeiro: FEB, 2001.

NOVO DICIONÁRIO AURÉLIO DA LÍNGUA PORTUGUESA. Rio de Janeiro: Nova Fronteira, 1986.

PECOTCHE, Carlos Bernardo González. *Curso de Iniciação Logosófica*. Logosófica, São Paulo: Logosófica, 2001.

PENHA, João da. *Períodos Filosóficos*. São Paulo: Ática, 1994.

SANTOS, Robson Pinheiro. *Apocalipse*. Pelo Espírito Estêvão. Contagem: Casa dos Espíritos, 2000.

SILVA, Severino Celestino da. *Analisando as Traduções Bíblicas*. 2.ed. João Pessoa: Núcleo Bom Samaritano, 2000.

UBALDI, Pietro. *A Grande Síntese*. Campos dos Goytacazes: IPU, 1999.

WEIS, Dr. Brian. *Muitas Vidas – Muitos Mestres*. Rio de Janeiro: Salamandra, 1995.

XAVIER, Francisco Cândido. *Paulo e Estêvão*. Pelo Espírito Emmanuel. 28.ed. Rio de Janeiro: FEB, 1999.

Mundo Maior
Editora
Seu futuro começa aqui.

Impresso por

EGB

Editora Gráfica Bernardi Ltda

Tel/Fax: (11) 6422-6459 / (11) 6422-7248
E-mail: egb@egb.com.br
www.egb.com.br